JULES GUÉRIN

*

La Faillite du Socialisme

« *Je cherche les lois du juste, du bien, du vrai.* »

PROUDHON

PARIS
GUILLAUMIN ET Cie
Éditeurs du *Journal des Économistes*
14, Rue de Richelieu
—
1902

La Faillite du Socialisme

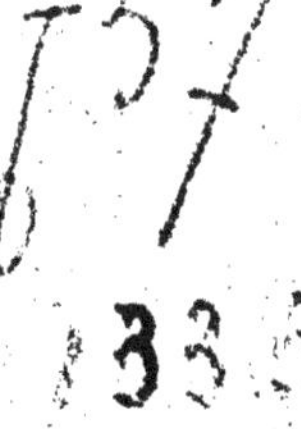

JULES GUÉRIN

*

La Faillite du Socialisme

« *Je cherche les lois du juste, du bien, du vrai.* »

PROUDHON

PARIS
GUILLAUMIN ET Cie
Éditeurs du *Journal des Économistes*
14, Rue de Richelieu
—
1902

Table des Matières

A LA MÉMOIRE

De Mon Aïeul François HÉMON, qui, sous l'Empire, fut poursuivi comme républicain

et de sa Sœur qui, pendant cinquante-sept ans cloitrée, défendit généreusement ses croyances.

EN RÉPONSE A LEUR QUESTION :

« *Si tu détruis Dieu, que mettras-tu à sa place ?* »

A MON PÈRE ET A MA MÈRE

qui m'ont élevé à l'abri des superstitions, dans les principes de la vraie République, aimante, honnête et juste.

AU LECTEUR

Avant d'ouvrir ce livre, cher lecteur, j'aime mieux vous prévenir qu'il n'a aucune prétention à la forme littéraire. Je n'ai jamais été fort en thème, au contraire.

Je prétends, cependant, que Boileau a commis une grave erreur en disant :

> Ce que l'on conçoit bien s'énonce clairement.
> Et les mots pour le dire arrivent aisément.

En effet, nous voyons des bègues, et la science médicale nous montre des aphasiques, qui conçoivent parfaitement leurs idées et qui cependant ne sauraient que très difficilement les exprimer.

A mon avis, nous avons grand tort de porter sur le pavois, les beaux parleurs, les fins littérateurs qui causent souvent pour ne rien dire.

En science, et je suis grand admirateur de la science, en logique aussi, l'idéal est de dire non d'une façon littéraire, mais le mieux et le plus briév ment possible, ce que l'on veut démontrer.

La démonstration la plus courte est souvent la meilleure ; le penseur n'y arrive pas tout de suite.

Je tiens à vous dire la conviction sincère, la

bonne foi, le désintéressement avec lequel je défends mes idées ; la hâte que j'avais de finir et de livrer à l'imprimeur, avant les élections prochaines, ces notes jetées à tort et à travers, pensant — illusion, peut-être — rendre service à quelques-uns.

Je ne me suis donc pas donné la peine de remettre sur le chantier et de corriger bien des passages qui mériteraient l'être.

J'ai même, faute de temps, délaissé deux chapitres, l'un sur les grèves, l'autre sur les partis politiques, qui devaient faire partie de ce livre.

Je vous demande l'indulgence pour la forme.

A DRUMONT.

Je voulais dédier ce livre à un grand orateur, qui a mis au service de « l'émancipation de l'esprit humain », de la « justice et de la vérité », tout le talent et toute l'énergie que l'on peut mettre à « semer l'idée à pleines mains (1) ».

J'aurais pu le dédier à un de nos plus savants sociologues, M. Yves Guyot. Depuis des années, il mène la campagne contre le socialisme (2).

Mais l'ayant conçu dans un esprit de combat et pour faire œuvre de patriotisme, il me plaît de m'en servir à fouailler à tour de bras ces insulteurs de Français ayant gardé l'idéal de liberté et de fraternité; ces traîtres qui, par leur politique antifrançaise, en arrivent à vouloir soulever contre la patrie cette belle fille de la France, l'Algérie; poussant ici-même à la guerre civile, en excitant à la haine d'un certain nombre de Français et en entravant de toutes les forces de la superstition ameutée le désir de lumière et de générosité qui doit être l'auréole des générations modernes.

C'est parce que, aidé de vos valets, vous semez, Drumont, l'insulte à pleines mains; parce

(1) *Au fil des jours.* CLÉMENCEAU.
(2) *La Tyrannie socialiste.* M. Delagrave, éditeur.

que vous vous êtes essayé dans le socialisme, avez flirté avec ses chefs, soutenu des candidats qui acclamaient la Commune et la révolution sociale, la révolte à main armée, comme au fort Chabrol, que je vous dédie cette première page.

JULES GUÉRIN.

Aux républicains désabusés.

Il faut au chef d'armée, au chirurgien, à l'homme politique, le coup d'œil juste, l'esprit de décision, sinon ils courent le risque de perdre la bataille, d'intervenir inutilement, de faire de mauvaise politique. — Il y a des mouvements tournants, des complications dans la bataille qu'il faut voir et même prévoir, sans cela on est mauvais général, maladroit chirurgien, politicien pitoyable.

Si nous jetons un coup d'œil sur la situation politique actuelle nous pouvons voir des mouvements qui se dessinent, entendre des clameurs qui s'élèvent : Tous les hommes crient justice ; mais l'idée qu'ils s'en font est loin d'être identique.

Un peuple qui naît à la lumière, qui s'émancipe, qui s'instruit est comme un enfant qui grandit, il a besoin de guides, de tuteurs ; nos politiciens de la République négligent trop ce point de vue. Sous prétexte de suffrage universel et de peuple souverain, ils s'en remettent à l'opinion publique. Or, l'opinion publique est souvent faite par les journaux, faite de contradictions.

Dans l'administration de la « chose publique » il ne suffit pas de respecter la volonté nationale, il faut encore savoir lui donner des conseils, la guider. L'une comme l'autre sont des choses extrêmement délicates, car au milieu de toutes ces opinions contradictoires, ballotées, agitées par les flots, comment reconnaître la vérité.

De même auprès d'un malade atteint d'un anthrax qui tend à envahir les organes voisins et court le risque de l'emporter, le bistouri est nécessaire contre cette affection particulière ; mais le mal peut être aussi le symptôme d'une affection générale qu'il faut découvrir.

La situation politique à l'heure présente est depuis quelques années absolument semblable à celle de ce malade qui a fait quelques excès, qui a été prodigue, mais aussi que de vieilles sorcières ont taquiné sans cesse ; c'est peut-être la raison de cet anthrax, peut-être aussi est-il atteint d'une affection générale.

Il y eut la Boulange, l'affaire Dreyfus, le nationalisme et pendant ce temps une plaie béante, le socialisme. De grands chirurgiens, MM. Constans, Brisson, Waldeck-Rousseau ont extirpé les trois premiers pendant qu'ils croyaient utile de laisser suppurer la plaie.

Eh bien, interrogeons notre malade. C'est ici un organisme social comprenant des millions d'individus qui, comme dans la fable de Lafontaine, tirent à hue et à dia. Il y a certes un malaise général, mais les uns l'entendent d'une façon, les autres d'une autre. Comment l'idée de justice n'est-elle pas pour tous la même ? Cette bizarrerie déjà a besoin d'un remède, je ne l'indique pas, il saute aux yeux, il faut plus de cohésion et de coordination dans le cerveau pensant de cet organisme.

Si vous écoutez les contribuables, ils vous diront qu'ils sont surchargés d'impôts ; les commerçants, que leurs affaires ne vont plus ; ceux qui occupent des professions libérales, qu'ils sont innombrables et qu'ils n'arrivent plus à vivre, les employés, qu'ils ne sont pas payés assez chers ; les employeurs, qu'on les prend à la gorge, qu'ils paient trop. Tous ensemble sont d'accord, qu'il y a une nuée de fonctionnaires, véritables parasites qui les taquinent et s'acharnent à boire leur sang.

Le mal est grand, la situation est embarrassante ; de là la boulange, l'affaire Dreyfus, le nationalisme. Mais nous aurions tort, armés de notre bistouri de ne nous préoccuper que de la lésion externe, et suivant la vieille méthode empirique de laisser suppurer la plaie socialiste. Il faut surtout s'attaquer à la cause. La maladie est peut-être d'ordre général, un diabète quelconque sur la pathogénie duquel les savants peuvent discuter ; toutefois il est nécessaire d'ordonner un régime.

La suppuration continuelle, le socialisme affaiblit, infecte le malade, il n'y a pas de doute, tout le commerce, toute l'industrie s'en plaint ; commençons par employer des antiseptiques nouveaux. Le malade s'en touvera beaucoup mieux.

Les impôts sont formidables ; travaillons sans

relâche à les diminuer ; *à la potence* les imbéciles qui sous un prétexte ou sous un autre les augmentent de jour en jour.

Les parasites sociaux sont innombrables ; ohé, de la poudre insecticide, sans pitié, tranchons, écrasons, notre homme va pouvoir enfin se reposer et dormir.

Un peu moins d'alcool, cela vaudra beaucoup mieux. Votre malade doit avoir de la cirrhose et si l'on n'y prend garde le *delirium tremens* le conduira à Sainte-Anne. « L'Académie de médecine ne constatait-elle point, par un rapport remarqué du docteur Lancereaux, il y a cinq ans, qu'en sept ans, c'est-à-dire de 1885 à 1892, la consommation de l'absinthe et des boissons similaires s'est élevée, pour Paris seulement, de cinquante-sept mille hectolitres à cent vingt-neuf mille ?

Et depuis, la consommation de ces poisons augmente sans cesse. »

Lisez à ce sujet l'article remarquable du déiste bonapartiste, Paul de Cassagnac, commentant (16 février 1901) l'excellent amendement de l'athée révolutionnaire communeux Vaillant ainsi conçu : « Le gouvernement interdira, par décrets, la fabrication, la circulation et la vente de toute essence reconnue dangereuse et déclarée telle par l'académie de médecine. » (L'un défend cette idée au nom de la Patrie, l'autre pour l'idée qu'il trouve supérieure d'humanité, ils ne sont donc pas si loin de pouvoir s'entendre, s'ils le voulaient bien dans l'intérêt des deux réunies, de la Patrie et de l'humanité).

Puis ordonnons l'exercice, le grand air; ce composé d'azote et d'oxygène des mansardes, des petites rues des grandes villes est vicié; *à la campagne*, il y trouvera une nourriture saine et abondante.

Voilà, je crois l'ordonnance d'un bon médecin dans l'état actuel de nos connaissances.

Or, j'ai vu, j'ai entendu un peu partout des gens se chagriner sur l'état du malade, certains le croyant perdu, commandaient son cercueil; des amis le délaissaient; des parents qui l'avaient mis au monde, qui peut-être l'avaient trop choyé lui accordant des douceurs contraires à sa santé encourageaient notre homme à la résignation; tous ne faisaient qu'exciter davantage le patient qui s'enervait, se lamentait.

Telle est, décrite en médecin, la situation politique présente.

Cessez donc, ô mes amis, vos agitations. Cet être est encore plein de vie; combien d'autres pays qui ne geignent pas, sont en moins bonne santé. Prenez confiance, mais *sachez reconnaître* vos erreurs, modifiez votre façon d'agir.

Certes, il est regrettable, désagréable même, quand on a voulu choyer quelqu'un, qu'on l'a aimé tendrement, de s'entendre dire un jour que l'on a été maladroit et que la besogne faite n'est pas superbe.

Il est cependant d'un beau caractère, d'un bel esprit de savoir reconnaître ses torts.

Que vous importe ce " nationalisme " ! pourquoi vous acharner le bistouri à la main contre lui, si nous savons qu'il n'est qu'un symptôme. Réjouissons-nous, au contraire, il nous a guidé dans nos recherches. — Constatons qu'il a réagi contre la plaie socialiste à Paris et dans maints endroits ; qu'à Roubaix, le socialisme est en déroute (1).

C'est le cas d'accepter une épithète qui ne veut rien dire ; car sauf les internationalistes (et encore) nous sommes tous nationalistes ; tous les enfants de France aiment leur patrie, qui est la plus belle, la plus libre, la plus démocratique et la plus généreuse du monde.

Nous la voulons défendre avec une armée jeune, vigoureuse, aimée, dans le cas où on l'attaquerait.

(1) Dans le même ordre d'idées on peut citer la création, à Paris, d'une seconde bourse du travail, rue des Vertus, ayant pour principe : « Le *Capital-travail* et le *Capital-Argent*, sont les deux facteurs indispensables à la vie sociale. L'un complète l'autre ; les deux se font vivre mutuellement. Le devoir de ces deux collaborateurs est donc de rechercher amiablement, de bonne foi, et en toutes circonstances, le point de rencontre des concessions réciproques qu'ils se doivent l'un à l'autre ». (P. L.) P. L. sont les deux initiales d'un homme d'énergie, Paul Lenoir, le secrétaire général de cette Bourse.

Le passage suivant d'un discours qu'il prononçait dernièrement indique le but poursuivi. « Libres de vos actes, conscients de vos droits et aussi de vos devoirs, nous avons secoué le joug tyrannique et nous sommes affranchis de l'étreinte que faisaient peser sur votre conscience *les cadres des syndicats politiques* dans lesquels la plupart d'entre vous s'étaient laissés embrigader, *attirés par les promesses alléchantes* ».

Nous la voulons riche, florissante, et pour cela il vous faut écouter les doléances du commerce, de l'industrie, favoriser l'agriculture, faciliter les relations.

Alors la France redeviendra grande dans le monde, éclairant comme un flambeau les autres nations, dans le chemin de la vérité.

A cet œuvre, tous certainement peuvent, doivent participer. La République, son nom l'indique, n'est à personne et certains hommes ne sauraient s'y maintenir par la force et l'oppression. Soyons grands, soyons nobles, généreux. Il ne faut pas voir partout, comme disait Clémenceau, citant Michelet, que des « lâches venant la poignarder dans le dos », il faut voir des hommes qui aiment la France et la « chose publique », qui aussi est à eux et puisqu'ils *savent parfaitement* que chez nous le régime d'un homme est désormais fini, — acclamons l'amnistie, tendons-nous la main et travaillons tous solidairement à l'éducation de notre race et à la grandeur de la Patrie.

8 février 1902.

P. S. — Je dirai aux républicains : « Aujourd'hui, le danger n'est pas au « Nationalisme ». La République n'est pas en jeu, la crise douloureuse est passée. Lisez attentivement les journaux révolutionnaires, les déclarations que dans un congrès socialiste, sous l'étiquette républicaine. (*Petite République*. 5, 6, 7, etc , mars 1902) des hommes insensés certainement, mis en goût par le pouvoir, mais très intelligents et très éloquents ont osé apporter dans un pays essentiellement bourgeois et petit propriétaire et craignez que ce beau pays ne se laisse enjôler par l'éloquence funeste, ou plutôt, ne retourne *de crainte des excès*, cela s'est vu déjà, à la pire des réactions. »

Je dirai aux fils nouveaux des vieux partis monarchiques : malgré les bons dieux que vos pères et mères vous ont fait invoquer pendant votre jeune âge, il est probable que vous en avez secoué le joug superstitieux et que vous avez une conception plus moderne de la société.

Vous n'ignorez pas qu'il y a eu un Roger Bacon, un Descartes, un Claude Bernard qui ont jeté dans les sciences, les bases de la méthode expérimentale. Renoncez donc à l'empirisme et si vous voulez que la société actuelle ne succombe pas à la *violence*. écoutez ces voix révolutionnaires qui vous menacent ; sans arrière-pensée et sans restriction, enrégimentez-vous sous le noble drapeau de la République.

Vos assauts furibonds contre l'ordre social qu'enfanta la Révolution, sont absurdes et irréfléchis ; vous obligez à s'entendre, dans une commune défense contre le retour au passé, des hommes de bon sens et ceux qui rêvent de folies à venir et c'est vous qui payez les pots cassés.

7 mars.

PRÉFACE

En choisissant le titre de ce livre, je ne crois pas commettre l'hérésie qu'a commise M. Ferdinand Brunetière, proclamant la « *Faillite de la Science* ». Evidemment, la science n'a failli à personne, et peut-on soutenir que les hommes lui aient failli ?

Du socialisme, il n'en est plus de même, l'amour du prochain, la solidarité sont vieux comme le monde; ces sentiments existent même chez certains animaux. Le socialisme a failli du jour où des hommes ont voulu l'exploiter dans leur intérêt personnel.

Qui mieux que Jésus Christ a dit : *Aimez-vous les uns les autres.* Mais les prêtres sont venus, prêtres antiques et modernes, prometteurs de paradis, voulant exploiter consciemment ou inconsciemment les plus nobles sentiments, les désirs les plus naturels en les dénaturant. De nos jours, ces beaux sentiments ont servi à d'ambitieux rhéteurs pour en tirer profit, tel les prêtres de jadis et d'aujourd'hui (1).

(1) Puis sont venus les prêtres d'une autre religion et leur enseignement a été celui-ci.

« Vous souffrez et êtes mécontents de la vie. Il faut vous en « prendre à la société et à la façon dont elle est organisée. Mais « nous allons détruire cette organisation, nous fonderons une « autre société qui donnera le bonheur à tous. Il n'y aura plus

Cette exploitation d'autrui, était d'autant plus facile à nos socialistes que les sciences qui s'occupent de l' « Esprit humain », philosophiques et biologiques, avaient peu fait de progrès depuis l'antiquité, depuis Aristote. Nous verrons plus loin, ce que personne ne niera, que la sociologie est fille de la biologie. Si la biologie n'existait pas, comment la science sociale aurait-elle existé ?

Le savoir et l'expérience des ancêtres, même s'accumulant dans des encyclopédies, ne pouvait guider une humanité sans cesse renouvelée, sans cesse ayant une éducation, une expérience nouvelle à se faire. C'est ainsi que le cerveau d'un homme arrivé au faîte du savoir est déjà au déclin de la vie et tend à disparaître, remplacé par celui d'un jeune présomptueux ; son expérience se transmet si peu, que certains

« ni riches ni pauvres; les inégalités sociales disparaîtront, « chacun aura la même somme de bien-être. »

Et comme il faut toujours que le prêtre vive de l'autel, les pontifes de la nouvelle religion ont quêté à leur tour, non pas pour les âmes du purgatoire, qui n'existent plus, mais pour eux-mêmes : ils ont demandé des places de députés et de chefs de parti.

Vous comprenez maintenant pourquoi on est mal reçu quand on vient dire :

« Ne vous embarrassez pas de toutes ces balivernes, ne comptez que sur vous mêmes. On vous trompe quand on vous dit qu'un bouleversement général donnera à tous le bonheur et le bien-être. Il n'y a pas de secret permettant d'instituer une société dans laquelle tous les hommes vivront sur le même pied et recevront une rémunération égale, quel que soit le genre de travail qu'ils accomplissent.

« Celui qui n'est capable que de tourner la manivelle d'une machine, ne recevra jamais le même salaire que l'homme qui a inventé cette machine ou qui possède l'art, sans se livrer à aucun travail manuel, de lui fournir le travail utile, destiné à se transformer en bénéfices.

« H. Harduin, *Le Matin*, 15 septembre 1901. »

pourraient le nier ; il aura brûlé ses ailes dans maintes circonstances et sera guéri de maints défauts ; mais c'est en vain qu'il donnera des conseils à son fils, celui-ci, en quête d'expérience, fera des folies, rééditant celles de ses ancêtres.

Il en est et sera ainsi de la vie sociale, tant que les sociétés n'auront pas approfondi et ne seront pas conscientes des lois biologiques et sociologiques qui les régissent; elles vogueront sans pilote et sans boussole au milieu des chaos, des transformations et des révolutions, à la merci des agitateurs et des prometteurs de paradis.

La science, elle, est en possession d'une « méthode » dont les disciples ont donné les lois; elle a des temples où on les enseigne, nul n'est proclamé maître, nul n'enseigne et n'aspire à enseigner, s'il n'a acquis des connaissances suffisantes.

Mais dans ce dédale immense qu'est le chaos social, il n'y a ni ordre ni méthode, celui qui crie le plus fort est le plus écouté ; nul besoin de concours, de diplôme, nul besoin d'avoir fait un stage dans une officine quelconque, d'avoir manipulé, cassé des bocaux avant d'arriver à un résultat appréciable, de s'être surmené de longues heures à la recherche d'attrayants théorèmes. Vous êtes jeune sans expérience, prétentieux, vous avez un bagou de Gascon ou de Marseillais, vous hurlez, vous montez sur les planches, vous faites convenablement le pître et l'acrobate, vous clamez : vive la Commune ! vive la Sociale ! et ces mots fatidiques vous suppléent toute science ; hier coiffeur, cordonnier, palefrenier, demain représentant du peuple, titre qui signifie que vous devez savoir l'histoire, la géographie, le droit, la médecine, lettres, sciences, arts; être en un mot légèrement encyclopédiste.

Quel progrès social peut-il être réalisé avec une telle méthode, puisqu'il suffit d'être *citoyen sabotier ou cordonnier*, chantant l'internationale ou la carmagnole *pour se faire élire député.*

La faillite, évidemment, est au bout d'un tel système.

Peut-être se demandera-t-on pourquoi un livre qui met en exergue cette phrase de Proudhon : « *Je cherche les lois du juste, du bien et du vrai* », qui aspire vers la justice, qui rêve d'un avenir meilleur, sinon d'une société idéale, où tout le monde serait heureux, ne se réclame pas du socialisme, puisqu'il se trouve absolument compris dans sa définition.

La raison en est simple : bien que le socialisme, théoriquement parlant, consiste dans l'amour de son prochain, une aspiration vers la justice, le rêve d'un avenir meilleur, le plan d'une société idéale ; bien que les grands philosophes socialistes recherchèrent et recherchent peut-être en toute sincérité les moyens d'arriver à ce but, il n'en est pas moins vrai qu'ils ont fait fausse route en bien des points, qu'ils ont péché par ignorance et pétition de principe, et que l'application de leurs théories ne peut aboutir à une réalisation pratique.

Nous aurions pu, dira-t-on, édifiant une société idéale sur une base scientifique, lui conserver l'épithète de socialiste et prétendre qu'elle était la seule, la vraie ? Non ! en agissant ainsi, nous aurions permis la confusion. Le socialisme, ainsi que nous le dirons, est devenu l'enseigne d'un parti qui tend de plus en plus à se renfermer dans une formule : « *Collectivisme ou communisme* » qui supprime bourgeois, patron, capital, propriété individuelle, toutes choses modifiables, il est vrai, mais auxquelles nous trouvons une fonction ayant une utilité plus ou moins grande ; qui prêche la lutte de classe, l'internationale, ce que nous blâmons. On aurait pu alors, nous mettre dans le même clan, nous confondre avec les précédents, et ç'eut été pour nous un grand ennui, être repoussé sans nous lire par ceux qui sont antisocialistes sans raisons, par idée préconçue ; ou bien nous aurions pu faire acclamer par d'autres, qui auraient trouvé nos idées justes, l'idée socialiste et en faire bénéficier ainsi ceux que nous combattons.

Pour toutes ces raisons, constatant que le socialisme a failli *dans ses conclusions* chez les théoriciens et les politiciens, nous préférons jeter cette épithète par dessus bord et nous déclarer antisocialiste. De cette façon, il n'y a pas de confusion possible.

CHAPITRE PREMIER

Qu'est-ce que le Socialisme ?

Qu'est-ce que le Socialisme

Proudhon répondit au président du tribunal devant lequel il était poursuivi, après les journées de juin 1848. — *Le socialisme, c'est toute aspiration vers l'amélioration de la société*. — Mais alors nous sommes tous socialistes, répondit le président. — C'est bien ce que je pense, répondit Proudhon.

(Yves Guyot, *la Tyrannie socialiste*).

D'après Littré, on nomme socialisme « tout « système qui subordonnant les réformes politiques, « offre un plan de réformes sociales. Le Commu- « nisme, le mutuellisme, le Saint-Simonisme, le « fourierisme, sont des socialismes. »

Socialisme en général veut dire : une aspiration vers la justice, le rêve d'un avenir meilleur, le plan d'une société idéale où tout le monde serait heureux. Quiconque est dans cet état d'esprit, travaille dans ce but *avec ou sans méthode*, est socialiste, fait œuvre socialiste.

Le but de la société est le bien de ses membres.

(Grotius).

La société est tenue de rendre la vie commode à tous (BOSSUET.)

Le but de la société est le bonheur commun.
(*Déclaration des droits de l'homme*, art. 1er).

Le but de la révolution est de détruire l'inégalité et d'établir le bonheur commun.
(*Conspiration babouviste, bases de la République des Egaux*, art. 10).

Le principe général auquel toutes les règles de la pratique devraient être conformes, n'est autre que le bonheur du genre humain et de tous les êtres sensibles.

(J.-S. MILL.)

La société doit être organisée de telle sorte (et ce n'est pas souvent le cas aujourd'hui malheureusement) que le bonheur des uns ne prenne pas sa source dans la ruine des autres, mais que chaque individu trouve son bien dans celui de la collectivité, le bien de la collectivité résultant uniquement, vice versa, de l'individu.

(L. BÜCHNER. *Force et matière*).

Le plus grand bonheur du plus grand nombre par la science, la justice, la bonté, le perfectionnement moral, on ne saurait trouver plus vaste et plus humain motif éthique.

(Benoit MALON, *Socialisme intégral*).

Le pur idéal, ce serait que la totalité universelle des êtres devînt une société consciente, unie, heureuse.

(Alfred FOUILLÉE. *Critique des systèmes de morale contemporaine*, chap. 1er).

Instaurer un milieu social qui assure à chaque

individu toute la somme de bonheur réalisable à toute époque, au développement progressif de l'humanité.

(Sébastien Faure, *La Douleur universelle*.)

Socialisme, a donc une signification extrêmement vaste, trop vaste pour qu'on puisse connaître les opinions d'un homme qui se réclame de cet état d'âme. Aussi Proudhon et le président du Tribunal qui l'interrogeait avaient-ils raison de dire : « *Mais alors nous sommes tous socialistes* ».

Ce mot a trop d'élasticité pour bien définir un parti politique, et si quelqu'un s'en pare sans l'expliquer d'une façon précise, soyez sûr qu'il désire abuser ou flatter la crédulité des foules.

Au point de vue politique et sociologique ce mot est donc mauvais ; mais si nous l'avions envisagé dans ce sens, nous ne pourrions proclamer sa faillite.

Donc, tout homme qui pense est plus ou moins socialiste ; toute personne a son idéal social qu'il préfère à un autre : aussi le comte de Mun, l'abbé Lemire, Jaurès et Guesde, le pape Léon XIII ou l'empereur d'Allemagne, ont raison de se proclamer socialistes.

Mais à côté de cette signification trop élastique, dont tout le monde peut s'affubler, il en est une autre qui par l'usage et la pratique tend à se délimiter de plus en plus et ceci est un bien, car pour la bonne compréhension des hommes et des choses, il vaut mieux qu'un terme dont certains se parent avec gloriole auprès de leurs semblables, n'ait pas une signification si générale et s'applique plus particulièrement à certains.

C'est ainsi qu'en France, et ici je ne m'occupe que de la France, les différents partis se sont donnés des qualificatifs qui peut-être se modifieront sensiblement, mais qui s'ils ont été bien choisis, devront rester à peu près ce qu'ils étaient. Parmi ces différents partis, il en est un qui plus que les autres a revendiqué ce titre de *socialiste* ; il a formé un groupement à la Chambre avec un programme bien défini, d'où l'on a exclu tous autres systèmes sociaux ; il a organisé ses congrès, sa caisse de propagande, etc., etc. ; en un mot, c'est un parti très bien délimité sinon bien défini ; et bien que d'autres hommes, d'autres partis se réclament du socialisme, *il vaut mieux pour éviter la confusion qu'ils y renoncent*, et que ce titre s'applique de plus en plus au groupe qui, à la Chambre dans ces derniers temps a accepté le programme collectiviste-communiste et à tous ceux qui de près ou de loin, électeurs et élus y ont adhéré.

Cette délimitation est absolument nécessaire à la démonstration que nous voulons faire.

D'ailleurs, nous ne sommes pas seuls de notre avis, et tous ceux qui ont traité spécialement cette question pensent ainsi.

Le socialisme, c'est l'état se substituant à la liberté individuelle et devenant le plus affreux des tyrans.

(Ledru-Rollin. — 12 sept. 1848.)

Yves Guyot a fait un volume intitulé « La tyrannie socialiste » où il démontre que nos socialistes marchent vers la régression sociale.

Monsieur Paul Leroy-Beaulieu a dit :

Aujourd'hui la situation est tout autre. A la faveur de la grande industrie, le socialisme est devenu plus précis, plus méthodique et plus hautain ; il s'imagine être un système scientifique, il demande son application intégrale et il a trouvé une formule nouvelle : le collectivisme... le socialisme actuel, c'est le collectivisme ; c'est-à-dire « l'appropriation par l'État et la mise en œuvre par lui de tous les moyens de production. » ... Le socialisme d'État, le socialisme de la chaire, le socialisme chrétien, toutes ces variétés inconscientes ou hypocrites du socialisme pur et simple, tous ces complices ou ces précurseurs du collectivisme, doivent être combattus sans défaillance, par tous ceux qui tiennent à la civilisation, c'est-à-dire, non seulement à un ensemble précieux de biens matériels, mais à la liberté intellectuelle et morale. *Il n'y a pas à transiger avec le socialisme, il n'y a qu'à le repousser.*

(*Où mène le socialisme.* Préface.)

Le grand philosophe Alfred Fouillée dit : « De part et d'autre, on s'en tient à une métaphysique abstraite qui érige en entité soit la société, soit l'individu ; de part et d'autre, on arrive à méconnaître les lois de la science sociale, qui sont une application des lois naturelles de la vie. Les uns sont pour les révolutions, les autres pour la conservation pure et simple de tout ce qui existe, tandis que le vrai principe est : évolution et progrès.

De mille manières les socialistes méconnaissent

ce principe. En premier lieu, ils attribuent à la volonté de l'homme et à l'organisation sociale la responsabilité de tous nos maux, passés et présents; par cela même, ils attribuent ainsi à la volonté de l'homme et au régime social la puissance de produire tous les biens qu'on peut rêver pour l'avenir »....... « Delà une conséquence importante, *qui est une première condamnation des utopies socialistes.* »

« Spencer n'est pas moins éloigné que Stuart Mill et d'une étroite orthodoxie économique et *des hérésies socialistes.* »

(Alfred Fouillée, *La propriété sociale et la démocratie*, Hachette.)

Enfin, je recommande au lecteur, s'il veut passer un bon moment, rire un peu au détriment des socialistes collectivistes, communistes, révolutionnaires, le petit livre du patriote allemand, Eugène Richter — *Où mène le socialisme,* journal d'un ouvrier (Paris, librairie H. le Soudier, 174, boulevard St-Germain) — pour comprendre qu'en Allemagne le danger du socialisme est peut-être plus grand que chez nous ; que, là-bas et dans tous les pays, ce titre a pris une signification toute particulière.

Nous ne devons cependant pas oublier, que le Français est prompt à s'emballer, qu'il est du pays du Bordeaux et du Champagne, qui excite, énerve. et monte à la tête, cause première, peut être, de la « fougue française » ; que nous sacrifions beaucoup à la mode et qu'il suffit ici malheureusement, d'un vent d'orient ou d'occident pour tout balayer dans une nuit d'orage.

Il est important de ne pas confondre socialisme avec sociologie. Le socialisme, n'implique pas une science, voire même une méthode.

La sociologie, au contraire, est la science qui a pour but l'étude des lois biologiques et psychologiques qui régissent les sociétés.

Elle a pour objet l'étude des phénomènes de toute nature qui concernent l'organisme individuel et le superorganisme social.
(Guillaume de Greef, *Introduction à la sociologie.*)

La sociologie, est la recherche des lois de la société dans les phénomènes sociaux eux-mêmes.

A. Comte.

La sociologie, est une étude réelle des sociétés, de leur fonctionnement et de leur mentalité.

(Palante, *Précis de sociologie*).

Il serait peut être possible aux penseurs qui tiendraient compte des lois et phénomènes qui régissent les individus et les sociétés, c'est-à-dire de la *méthode sociologique*, d'indiquer le but vers lequel pourraient tendre les aspirations humaines, sans pour cela donner leur système pour l'idéal, comme la solution du problème social ; ces hommes *seraient des sociologues et non des socialistes.*

La sociologie étant une science, observe, étudie, discute les faits, en tire des conclusions, des conséquences quelles qu'elles soient qui n'ont qu'un but, la *Vérité*, conséquences qui peuvent aller à l'encontre des désirs.

Le devoir du socialisme, pour être scientifique, serait donc de se conformer à ces vérités et « d'instaurer un milieu social » qui ne soit pas en contradiction avec elles.

La sociologie, toute jeune il est vrai, se développera nous l'espérons pour le bonheur et la bonne entente des hommes et des sociétés.

CHAPITRE II

La Biologie est le corollaire indispensable à la Sociologie

Qu'est-ce que l'Homme ?

La biologie est le corollaire indispensable à la sociologie
Qu'est-ce que l'homme ?

Nous venons de dire : la sociologie est cette science qui a pour but l'étude des lois biologiques et psychologiques, qui régissent les hommes en société.

La première question qui se pose est donc celle-ci : Qu'est-ce que l'homme, au point de vue physique, physiologique et psychique ? Voilà la question préliminaire et nécessaire pour bien résoudre le problème social; car si nous voulons discuter des lois qui peuvent ou pourront régir les hommes en société, il est de toute évidence qu'il nous faut commencer par savoir qui ils sont physiquement, physiologiquement et psychiquement. Il est inutile d'insister pour faire comprendre, que les théories sociales qui conviendront à un être considéré comme un demi-dieu, être raisonnable fait à l'image de Dieu, ne pourront ressembler à celles qui devront régir un animal plus ou moins intelligent produit de l'évolution et de la sélection des êtres.

Il s'agit donc de savoir quelle conception nous avons de l'homme, ou mieux ce que la biologie nous enseigne à ce sujet. C'est l'oubli ou l'ignorance de ce corollaire qui fait que tous ces constructeurs d'édifices sociaux, travaillent à côté, sur le sable mouvant, bien mieux, les fondations nécessaires manquent. Nous le verrons clairement au cours de cette étude, cela sautera aux yeux et nous n'aurons qu'à l'indiquer en passant.

Combien de ces socialistes théoriciens qui fréquentent les réunions publiques, les congrès socialistes, font des articles de journaux, des brochures, etc., en un mot dirigent ou essaient de diriger l'opinion publique, en pensant être dans le vrai ; combien sont-ils qui se sont posés cette question consciencieusement. Cette phrase de Guesde, que j'ai prise au hasard, et que nous citons un peu plus loin, suffit pour faire comprendre leur ignorance à ce sujet. Aussi déjà, pressentons-nous la faillite de leurs théories.

D'où nous viennent, en effet, les premières théories du socialisme ? D'une époque plus ou moins lointaine où l'homme s'ignorait absolument.

Dans toute la Chrétienté, le grand prédécesseur de nos socialistes actuels, dont les plus enragés mêmes ne craignent pas de se réclamer, est sans conteste Jésus.

Avec Proudhon, Jésus « nous apparait, dans la partie compacte de son livre, comme un novateur socialiste, tout épris non pas d'idéal, mais de l'idée de justice qu'il mêle à celle de charité, ennemi des prêtres, des pharisiens et des scribes, portant dans son cerveau tout un plan d'épuration sociale ». (*Jésus*, page 3, lettre de LEDRAIN.

Depuis, tous ceux qui ont approché ce sujet ont plus ou moins calqué. D'aucuns, qu'on croit les plus éloignés, et qui se piquent des sentiments les plus antireligieux, en sont peut être les plus rapprochés. Or, nous ne pensons pas que Jésus ait été grand anatomiste, grand physiologiste ; qu'il eut connu la gravitation universelle, la situation de la terre dans l'immensité et son rang parmi les autres planètes. Nous supposons qu'il n'avait lu ni Lamark, ni Darwin. Et nous pouvons dire qu'autant que lui, les grands socialistes modernes ignoraient Lamark et Darwin, la sélection et l'évolution, la diversité des instincts et des tempéraments ainsi que la capacité intellectuelle des cerveaux.

Quoi d'étonnant puisque Guesde ose répéter de nos jours, incommensurable ignorant : (*Libre Parole*, 23 octobre 1900) *Vous ne me ferez jamais croire que tous les hommes ne soient pas semblables et que la race ait une importance quelconque.*

Nous n'avons pas cependant la prétention de dire qu'il ne peut y avoir chez certains philosophes, ignorant l'anatomie et la physiologie, de belles et bonnes idées sociologiques. Mais comme jadis les vieux apothicaires appliquaient un remède sans bien en connaître la nature et les propriétés, à des maladies qu'ils ne connaissaient que par leurs symptômes, en ignorant la cause, et pouvaient quand même soulager et guérir, n'étant cependant que des ignorants et des empiriques et leur savoir n'étant pas encore une science ; de même certains philosophes ont pu faire de belles et bonnes théories sociales, sans pour cela être des biologistes, ni des élèves de la science sociale.

Réciproquement, il est certain que de nos jours, des savants ignorent le premier mot de la sociologie, peut-être par manque d'aptitude, peut-être par dégoût des charlatans qui ont choisi ces questions comme piedestal. C'est à mon idée un grand mal, car cela permet à un certain nombre de gens de poser pour des maîtres, des érudits et de fonder une science à côté : tandis qu'au contraire, la sociologie devrait être la science froidement et paisiblement édifiée sur la biologie.

A ce propos citons le passage suivant : (*République*, 25 février 1991).

« Les travailleurs manuels qui ont le très légitime désir d'améliorer leur condition, ne savent pas en général comment s'y prendre, parce qu'ils n'ont le loisir ni d'étudier, ni de réfléchir ; s'ils suivent de mauvais bergers, c'est que les bons leur font défaut par égoïsme ou par ignorance.

« Les masses, dit M. Skarzinski, s'entendent mal à discerner les moyens qui pourraient améliorer leur sort. Il appartient à l'élite de les découvrir pour elle ; cela fait partie de sa mission en ce monde. (*Le progrès social à la fin du* XIXe *siècle*, Félix Alcan, éditeur).

Malheureusement l'instruction et l'éducation sociale de l'élite laissent en général énormément à désirer. Savants et lettrés ont une tendance presque irrésistible à se spécialiser, à se cantonner dans un petit domaine où les arbres empêchent de voir la forêt,

Tel savant incessamment penché sur ses éprouvettes ignore ce qui se passe dans les ateliers, et ne sait à peu près rien de la vie des ouvriers et des patrons. S'il se prononce sur une question dite sociale, il risque de s'égarer et d'égarer les autres à sa suite dans tous les maquis de l'erreur.

Les lettrés ne sont pas moins confinés que les savants dans un petit coin d'élection ; ils s'enferment dans leur tour d'ivoire, et lorsqu'ils sont prudents, ils se gardent bien d'en sortir pour enseigner aux autres ce qu'ils n'ont point appris.

Lorsqu'il s'agit des problèmes sociaux si compliqués et si complexes, la volonté et les bonnes intentions ne suffisent pas, il faut y ajouter quelque chose de plus : la compétence, l'expérience et le savoir.

Où trouver ce bagage nécessaire? Dans les in-octavo des économistes ? Mais la lecture des ouvrages trop volumineux exige des loisirs et parfois une intrépidité qui manque à la plupart de nos contemporains. De la plupart des bouquins consacrés à l'économie politique ou à l'économie sociale, on dit malheureusement et parfois injustement ce que Voltaire disait des poèmes sacrés de Lefranc de Pompignan : « Sacrés ils sont, car personne n'y touche ».

Comme nous le voyons, le champ est libre aux avocats et aux journalistes qui, moins encore que nos savants, connaissent les questions sociales, par compétence, expérience et savoir. Mais entichés de réclame, alléchés par l'appas d'un siège de député, tels des prêtres prometteurs de paradis, ils flattent, ils promettent tout ce que les passions populaires désirent.

Ce n'est plus le principe du socialisme : « Aimez-vous les uns les autres » qui sert à enfanter leurs théories : c'est le parti pris, la jalousie, la haine, toutes les passions humaines, tous les désirs inassouvis qu'ils sentent ou qu'ils entendent clamer dans les réunions publiques, qu'ils font naître au besoin, — (la lutte de classe) — qui servent à leur édification sociale.

Qu'est-ce que l'homme ?

Il n'y a pas très longtemps que nous pouvons disserter à ce sujet d'une façon scientifique. Malgré le fameux précepte antique « connais toi toi même », l'homme ne se connaissait pas du tout. Il s'ignorait même absolument, presque à tous les points de vue, anatomique, psychologique, ou de son origine, et ce n'est pas la merveilleuse intuition et la logique plus admirable encore des Grecs, qui pouvaient remplacer une science qui n'existait pas. Ce n'est pas le lieu de rappeler comment la science anatomique grandit pas à pas. De son origine, l'homme ne savait rien et ce n'est que dans ces tout dernières années, depuis Lamark et Darwin qu'il a commencé à apercevoir ses origines ancestrales.

Ce n'est bien que par des savants, nos contemporains, que nous commençons à connaître suffisamment l'homme préhistorique pour en parler avec une certitude scientifique.

Ce qui est certain, c'est que nos ancêtres n'étaient que des sauvages, vivant dans les cavernes comme des fauves, ayant à y combattre leurs ennemis par la ruse, ou bien à essayer de les terrasser par la force ; que l'homme d'aujourd'hui si arriéré soit-il, ne peut nous donner aucune idée de ce primitif et qu'il nous faut de longues années d'études, de longues méditations, pour le comprendre et l'entrevoir tel qu'il pouvait être à cette époque.

« C'est à l'époque quaternaire, la dernière des grandes époques géologiques, que l'homme apparait sur la terre ».

« L'époque quaternaire se divise en deux périodes ».

« La première, dite diluvienne, est caractérisée par un régime de pluies abondantes qui a pour conséquence la formation de larges rivières et d'immenses glaciers. La température néanmoins était assez douce et la même à de grandes distances. Des plantes, des animaux, répartis actuellement entre les zônes diverses coexistaient sous nos latitudes.

« A la période diluvienne succède la période qu'on a à tort appelée glacière. Elle est signalée en effet, non par l'extension, mais par la limitation des glaciers.

« La durée des époques géologiques ne peut être fixée. On ne saura donc jamais à combien de centaines ou de milliers de siècles remontent les œuvres de l'industrie humaine enfouies pêle-mêle avec les ossements préhistoriques. L'homme, en quête d'une matière assez dure pour ses outils et ses armes, employa celle qu'il avait sous la main. Il commença par tailler la pierre, puis les os et les bois des animaux. Les archéologues ont classé ces objets en plusieurs catégories, dénommées chacune d'après une des stations qui lui ont fourni ses principaux spécimens. Ils ont ainsi composé des séries ou les types s'échelonnent suivant leur perfection relative, dans un ordre qu'on peut d'une manière générale, considérer comme chronologique. On n'oubliera pas toutefois *les inégalités possibles* dans le développement des différents groupes sociaux. Pour mesurer l'ancienneté de nos plus vieilles populations, l'état de leur outillage ne nous offre donc qu'un critérium insuffisant. Le niveau géologique où il a été exhumé, la faune et la flore qui l'accompagnent nous renseignent plus sûrement.

« La première humanité, contemporaine de la période diluvienne, est représentée sur notre sol par les objets recueillis dans les alluvions de la la Seine, de la Marne, de l'Yonne, de l'Oise, de la Somme, et notamment dans les dépôts de Saint-Acheul, près d'Amiens, de Menchecourt, près d'Abbeville, du Pecq et de Chelles, près de Paris. Les outils chelleens sont pour la plupart taillés dans le silex. Ce qui domine au milieu des couteaux, des poinçons, des racloirs, c'est la hache, dite de Saint-Acheul, instrument de forme amygdaloïde, de dimensions variables, avec une moyenne de onze à treize centimètres de long sur sept de large, au pourtour anguleux et tranchant, aux faces renflées vers le milieu et travaillées à grands éclats. Il est probable qu'elle servait avant tout à fendre le bois, l'arme ordinaire du sauvage étant plutôt la massue.

« Il y a le type « moustérien », qui tient son nom de la grotte de Moustier, dans la Dordogne.

« Le type « solutréen » (village de Solutré, aux environs de Mâcon) accuse un progrès marqué sur les deux précédents.

« La série « magdalénienne » (grotte de la Madelaine, voisine de celle de Moustier) se distingue essentiellement par la mise en œuvre des os des animaux, des bois des cervidés, de l'ivoire. La pierre n'est pas délaissée, mais elle est réservée pour la fabrication des instruments les plus grossiers.

« L'âge du renne est aussi celui des cavernes. Sans doute, il n'est point d'âge qui puisse être qualifié ainsi exclusivement. L'habitation souterraine est aussi vieille que l'humanité, et l'on sait que l'usage s'en est perpétué jusqu'à nos jours dans certaines parties de la France.

« *La vie de ces Troglodytes était misérable. Les restes des repas, les os brisés, les viandes putréfiées, les immondices de toute sorte s'entassaient sur le sol, dans une malpropreté repoussante. Les mêmes hommes pourtant avaient le goût de la parure. Ils portaient des coquillages, des dents perforées en guise de pendeloques. Et l'on a vu qu'un art était né dans cette barbarie.*

(LAVISSE, *Nouvelle histoire de France.* — Hachette).

Ce primitif, M. de Quatrefarges, spiritualiste et déiste, adversaire de la théorie d'évolution a dit de lui : « Nous ne connaissons pas l'homme primitif ; nous le rencontrerions que, faute de renseignements, il serait impossible de le reconnaître. Tout ce que la science actuelle permet de dire à son sujet est que selon toute apparence, il devait présenter un certain prognathisme et n'avait ni le teint noir, ni les cheveux laineux..... Tout enfin conduit à penser que le langage de nos premiers ancêtres était un monosyllabisme plus ou moins accentué ».

Darwin, déiste aussi, a dit : « Les premiers ancêtres de l'homme, étaient sans doute couverts de poils ; les deux sexes portaient la barbe ; leurs oreilles étaient pointues et mobiles ; ils avaient une queue desservie par des muscles propres. Leurs membres et leurs corps étaient sous l'action d· muscles nombreux, qui ne reparaissent aujourd'hui qu'accidentellement chez l'homme, sont encore normaux chez les quadrumanes..... Le pied à en juger par l'état du fœtus, devait être alors préhensible et nos ancêtres vivaient habituellement sur les arbres dans quelque pays chaud couvert de forêts ; les mâles avaient de grandes dents canines qui leur servaient d'armes formidables ».

Mais cette opposition du gros orteil, à laquelle les anciens anthropologistes attachaient une si grande importance, qu'ils voulaient en faire un signe distinctif de l'humanité, nous le retrouvons chez beaucoup de peuples.

Enfin, d'après Haeckel « nos plus proches voisins sont les singes anthropoïdes ou singes catarrhiniens sans queue, tels que l'orang, le chimpanzé, le gibbon. L'homme et les anthropoïdes sont rattachés au type des singes catarrhiniens à queue, comme le semnopithèque, le guenon, le macaque, le cyvocéphale, etc. Ceux-ci à leur tour seraient issus des prosiniens représentés par le maki, le lori, etc.... qui eux-mêmes descendraient des marsupiaux ».

« Nous ne descendrions pas cependant en ligne droite des singes antropoïdes : entre eux et l'homme aurait existé un intermédiaire, l'homme-singe ou homme pithéçoïde. Cet être, purement hypothétique, n'aurait eu ni le langage articulé, ni le développement intellectuel qui caractérisent l'être humain proprement dit (1). »

Il y a déjà un certain nombre d'années que ces lignes ont été écrites; aussi depuis a-t-il été fait des découvertes qui sembleraient confirmer cette hypothèse.

Nous savons maintenant qu'à l'époque tertiaire,

(1) Brehm, *Les races humaines;* Dr Verneau.

c'est-à-dire quelques centaines ou quelques milliers de siècles avant l'époque quaternaire, vivait un être dont on a retrouvé quelques traces et que les savants supposent être le précurseur de l'homme quaternaire.

« Nous sommes donc forcés d'admettre un précurseur de l'homme.

« C'est à la réunion de Lyon de l'Association française pour l'avancement des sciences, en 1873, que G. de Mortillet a posé pour la première fois la question du précurseur de l'homme ; Abel Hovelacque vint appuyer sa proposition au nom de la linguistique. Tous deux établissaient qu'il a existé, pendant le tertiaire, un être intermédiaire entre l'homme et les singes anthropoïdes actuels ; plus avancé que ces derniers, il n'avait pas encore atteint le développement intellectuel de l'homme (1). »

Dans un mémoire publié en 1894, un Hollandais. M. Eugène Dubois, décrit sous le nom de *pithécanthropus erectus* un être dont il a retrouvé les ossements, dans des fouilles à Java, et qu'il suppose un intermédiaire entre les singes anthropoïdes et l'homme.

Ces ossements consistent en : Deux dents, seconde et troisième molaire ; un fémur complet ; une boîte cranienne.

« Les conditions du gisement, les circonstances des fouilles conduisent à admettre que les diffé-

(1) *Le préhistorique*, par G. et H. de MORTILLET, p. 97.

rentes pièces trouvées par M. Dubois sont vraiment d'un même individu, contemporain du terrain tertiaire pliocène, appartenant à une espèce anthropoïde bipède intermédiaire entre les singes anthropoïdes connus et l'espèce humaine, précurseur de celle-ci et probablement issu du genre gibbon. »

« Comme forme intermédiaire entre l'homme et les singes, il est difficile d'imaginer quelque chose de plus saisissant que le crâne de Java. » « Pour infirmer sérieusement la légitime et vraisemblable hypothèse de M. Dubois, il faudrait montrer que le crâne de Java est une simple monstruosité sans signification ethnologique : une microcéphalie qui avait exagéré non pas seulement le volume des dents par rapport au crâne ; mais encore le volume absolu des dents au delà du maximum ethnique. »

Deux hypothèses sont donc en présence :

« 1° A l'époque pliocène vivait à Java une race humaine intermédiaire entre les plus inférieures des races connues et les singes anthropoïdes ;

« 2° A l'époque pliocène vivait à Java une race anthropoïde possédant la marche bipède, et intermédiaire, par son développement cérébral entre les plus élevés des singes connus et l'espèce humaine. (1) »

« Entouré d'animaux redoutables, le sauvage

(1) MANOUVRIER, *Revue scientifique*. — Cité par CLÉMENCEAU, *le Pithécanthrope*).

tertiaire, avec les armes rudimentaires que nous venons de voir entre ses mains, n'était assurément pas en état d'en abattre un grand nombre ; c'étaient donc les petits animaux qui devaient entrer surtout dans son alimentation. Pourtant, il n'est pas inadmissible qu'il ait, dans certains cas, poursuivi avec sa lance des animaux de grande taille. Nous connaissons des peuplades modernes, qui avec des engins rudimentaires ne craignent pas de s'attaquer à des bêtes féroces. »

La nature assez frêle de l'homme, comme celle du renard, fit développer sa ruse et son intelligence.

Une chose paraît démontrée, c'est que ces familles primitives faisaient élection de domicile aux abords des grands lacs qui à cette époque couvraient d'immenses étendues, et ils faisaient leur nourriture des débris d'animaux qui venaient s'échouer sur le rivage (c'est ce que semble prouver les pierres taillées et les os portant la marque de ces outils grossiers, que l'on retrouve sur les rives de ces lacs disparus), ainsi par exemple (Pouancé, abbé Delaunay).

Le capitaine Grey, cité par J. Lubbock, n'a-t-il pas vu des peuplades d'Australie qui, après s'être frottés de graisse par tout le corps, s'ouvrent un passage avec leur arme de pierre à travers la graisse d'un cétacé échoué sur le rivage. « Les amis prévenus par des feux qu'on a pris soin d'allumer, arrivent en foule près de la bête ; leurs machoires travaillent bel et bien dans la baleine et vous les voyez grimpant de ci, de là, sur la puante carcasse, à la recherche des fins morceaux. »

Et ces faits cités par Alfred Marche (1) : « Les Adouma ont tué une tortue ; malgré le prix élevé que j'en ai offert, il m'a été impossible d'en avoir la carapace. Tous ces noirs sont d'une voracité étonnante, surtout en fait de viandes. Nous n'avons pas de chiens pour manger les restes de nos repas ; mais nos Okanda ne laissent rien perdre, et rongent jusqu'aux os. Nous les forçons à manger aujourd'hui les restes d'un buffle tué il y a huit jours, et dont l'air est empesté ; sans cela, ils garderaient cette charogne encore plus longtemps. Dans la journée, au milieu d'un rapide, je ressens une forte secousse ; je me retourne : quatre de mes hommes viennent de se jeter à l'eau, et nagent vers un cadavre d'animal qui dérive. Ils le rapportent ; c'est un anomalurus (espèce d'écureuil volant), parvenu à état complet de putréfaction, à tel point que lorsqu'ils le retirèrent de l'eau, le poil se détacha avec l'épiderme. Cela ne les empêcha pas, le soir, de s'en régaler à cœur joie sans en laisser perdre une parcelle. »

Les récits des explorateurs sont remplis de faits semblables.

(1) (*Trois voyages dans l'Afrique occidentale.* — Paris, Hachette, page 229).

Nous avons très peu retrouvé la trace du pithécanthropus tertiaire, mais loin d'être un argument contre la loi d'évolution, ce manque de documents en est plutôt une preuve, le quaternaire devant être pour ainsi dire un civilisé par rapport au tertiaire. Or, si l'homme quaternaire n'avait pour outillage que quelques rares pierres taillées, il est de toute évidence que son ancêtre plus dépourvu encore sous tous les rapports n'en avait pas du tout.

Mais peu importe pour l'objet de notre discussion présente, que le pithécanthrope ou que l'homme gorille tertiaire soient nos aïeux éloignés, ou des êtres qui ont disparus parce que moins bien doués pour la « lutte pour la vie » ; le seul fait de l'homme quaternaire scientifiquement prouvé et vivant ainsi que nous l'avons dit plus haut, indique quel chemin nous avons parcouru ; *mais aussi combien nous l'avons parcouru* **lentement**.

La saine logique enseigne donc aux hommes de bon sens que *cette évolution lente continuera lentement*, et que c'est folie, de croire, et au-dessus des forces humaines de vouloir précipiter le mouvement par la révolution ou par la violence.

De plus, la sélection, un point de départ ou une évolution différente ont produit la multiplicité des races humaines. Aussi est-il banal et triste d'être obligé de dire à certains que les indigènes australiens ou congolais, pour ne citer que ceux-là, ne sont pas au même point que le peuple français ;

théoriquement et pratiquement *il est donc absurde ce mot « Internationalisme »*.

Il résulte que, contrairement à ce que pensait Spinoza, à ce disent Bebel et Guesde, *les hommes n'ont pas une seule et même nature, l'homme n'est pas seulement ce que la société l'a fait* et de même que les individualités diffèrent, de même les collectivités réunions d'individualités.

Tel système social qui pourra convenir à une nation, collectivité ayant des caractères propres, une sélection et hérédité de plusieurs siècles ne conviendra pas à une autre composée d'individualités ayant des caractères différents. Ce qui conviendra aux Arabes pourra ne pas convenir aux Chinois, ce qui conviendra aux Hindous, pourra ne pas convenir aux Russes. Plus près de nous, l'intérêt des Belges et des Italiens très prolifiques ne sera pas le même que celui des Français inféconds.

Bien mieux dans un même pays, les intérêts et les besoins peuvent différer suivant les milieux, (je n'entends pas ici milieu au sens absurde du socialisme, lutte de classe). L'idéal social du mineur ne sera pas le même que celui de l'agriculteur ; l'habitant de Montmartre ne pensera pas comme celui des bords de la Loire ; aussi de ce que le régime de la propriété collective **pourrait** convenir aux mineurs, il ne s'ensuit pas qu'il faille imposer ce système au reste de l'humanité.

Voici ce que nos socialistes ne se sont pas

donné la peine de voir, d'étudier, de comprendre.

En résumé : « l'homme, résultat de lentes trans-« formations et d'innombrables modifications suc-« cessives qui remontent à l'origine des êtres, est « un mammifère occupant le sommet de l'échelle « animale.

« Son précurseur le plus immédiat connu est le « *pithécanthropus erectus* de Java, qui a de « grandes affinités avec les gibbons, singes an-« thropoïdes du Sud et de l'Asie. »

« La caractéristique principale de l'homme est « un grand développement de l'intelligence et par « suite du cerveau. »

« Cette intelligence est une force spéciale qui « entre en jeu dans la nature et se manifeste d'une « manière de plus en plus éclatante au fur et à « mesure qu'on avance dans le temps (1). »

Voici la réponse à notre question : Qu'est-ce que l'homme ? Il y manque cependant quelque chose. Nous venons de dire : la caractéristique de l'homme est un grand développement de l'intelligence.

Qu'est-ce donc que l'intelligence ? C'est l'ensemble des phénomènes psychiques, pensée, conscience, volonté. Ne pouvant nous étendre sur ce sujet, que nous traiterons plus amplement dans notre sociologie, nous renvoyons le lecteur à notre livre, les *différentes manifestations de la Pensée.*

Nous n'insisterons que sur quelques points pour

(1) De Mortillet. *Le Prehistorique*, p. 127.)

bien mettre en évidence, chez les socialistes, toujours les mêmes erreurs, la même faillite.

O misère humaine, il sera dit que tu n'en sortiras pas. Des hommes qui se prétendent nouveaux, un parti nouveau, et veulent révolutionner le monde, parlent et gesticulent sans connaître, et s'ils connaissent font un cercle vicieux incommensurable.

Alors que la science commence à voir et à établir les origines de l'homme, à comprendre ce qu'il est physiologiquement et psychiquement, *c'est-à-dire une véritable loque animale*, c'est le moment qu'ils choisissent pour prétendre accaparer le pouvoir et imposer leurs théories, soutenant que les hommes sont égaux et libres.

« N'étant rien par eux-mêmes et seulement ce « que la société les a faits. »

« N'ayant qu'une seule et même nature. »

Egaux ?.....

Alors que l'anthropologie proclame la diversité des races et des individus, des aptitudes, des tempéraments, des usages. ; que l'anatomie pèse des cerveaux humains de 1.200 à 1.800 et 2.000 grammes, ayant des circonvolutions plus ou moins sinueuses, une couche grise corticale d'une épaisseur tout à fait variée, c'est-à-dire variant a l'infini et que la physiologie et la psychologie montrent les facultés intellectuelles en rapport de quantité et de qualité avec ces différents caractères.

Libres ?....

Alors que d'Holbach, un des prédécesseurs de la Grande Révolution disait dans son « système de la nature : »

« L'homme n'est libre dans aucun des instants « de sa durée. Il n'est pas maitre de ses idées ou « des modifications de son cerveau qui sont dues « à des causes qui, malgré lui à son insu agissent « continuellement sur lui. Il n'est point maître de « ne pas aimer ou désirer, ce qu'il trouve aimable « ou désirable. Il n'est pas maitre de ne pas « délibérer quand il est incertain des effets que « les objets produiront sur lui. Il n'est pas maitre « de ne point choisir ce qu'il croit le plus avan-« tageux. Il n'est pas maitre d'agir autrement « qu'il ne fait au moment où sa volonté est déter-« minée par son choix. Dans quel moment, l'homme « est-il donc le maitre ou libre de ses actions. »

Et que les philosophes contemporains semblent être de plus en plus d'accord sur ce point que l'homme n'est pas « libre de se déterminer. »

Que la clinique et la pathologie démontrent péremptoirement la suggestion, l'auto-suggestion dans l'hypnotisme et en dehors de l'hypnose, l'état de supérexitabilité nerveuse, temporaire ou permanente dans l'intoxication sous l'influence de différents poisons cérébraux, thés, cafés, alcools, essences, opium, haschich, etc.

Que cette excitabilité nerveuse qui suggère des idées plus ou moins bizarres, pousse à des actes plus ou moins violents, plus baroques encore. Que ces différents poisons sont surtout absorbés dans des milieux qu'il est inutile de nommer.

Nous ne citerons pas les milliers d'exemples qui se trouvent dans les livres de pathologie et clinique ?

Ceux que nous trouvons tous les jours racontés dans les journaux peuvent servir de démonstration au lecteur qui comprend.

Tel celui-ci que le hasard m'a mis sous les yeux :

UN INCENDIAIRE DE DOUZE ANS

De Clermont-Ferrand au *Petit Parisien* (1) :

La commune d'Isserteaux était depuis quelque temps sous le coup d'une émotion profonde provoquée par des incendies répétés, allumés à n'en pas douter, par des mains criminelles.

Lundi matin, en effet, le feu prenait à la grange de M. Fontbastier, au hameau de Glagne. Or, le soir même, comme on procédait à une enquête sur les causes du sinistre, un nouvel incendie éclatait chez le même propriétaire.

Dix habitants de la commune, armés de fusils, se décidèrent alors à monter la garde autour de la maison. Avec eux tint à demeurer une fillette de douze ans, Mélanie Prun, pupille de l'Assistance publique, employée chez M. Fontbastier et qui, dans la matinée, s'était employée avec beaucoup d'activité à combattre les flammes.

(1) (Deuxième quinzaine de janvier 1901).

Pourtant, les soupçons se portèrent sur elle, et dès le lendemain elle fut soumise à un interrogatoire. Mélanie Prun, nia tout d'abord, puis, pressée de questions, elle finit par avouer que c'était bien elle qui avait allumé le sinistre.

Elle déclara, en outre, qu'au mois d'août dernier, le jour de la fête du village de Fayet, elle avait incendié un hangar appartenant à M. Desseigne et qu'auparavant elle s'était rendue coupable d'un autre incendie volontaire chez un propriétaire de Coudat-les-Montboissier, son ancien patron.

Ces différents faits ont été reconnus exacts et la criminelle enfant, conduite dans la soirée d'hier à Clermont, a renouvelé ses aveux au procureur de la République. Elle a été écrouée à la maison d'arrêt.

Ajoutons que le père de Mélanie Prun, originaire du Lot, est actuellement au bagne. Sa mère, originaire du Cantal, est dans une maison centrale.

Ce qui est certain, établi d'une façon irréfutable c'est que la race, l'hérédité, l'éducation, les milieux, le hasard des circonstances, l'action des poisons cérébraux, l'excitation des idées par la lecture, par les discours d'autrui, peut pousser l'homme à agir d'une façon toute autre que ses propres intérêts ; voici ce qu'oublient trop ce qu'igorent la plupart des hommes qui se croient nouveaux.

A certains moments, les idées produites par les exhortations oratoires ou épistolaires sont si impérieuses, que les idées saines et justes ne peuvent les contrebalancer, l'homme n'est plus libre de réagir et commet des fautes et des actes de violence.

Ces questions devraient être étudiées et connues des hommes qui se lancent dans le socialisme ; de ceux qui s'en vont dans les lieux publics exhorter les populations, blasphèment publiquement et jettent à la société l'anathème. Des paroles dira-t-on, des mots ; non, mille fois non, ces idées semées en terrain propice deviendront vivaces, se transformant en actes sévèrement châtiés (1).

Tandis que l'orateur, le journaliste, *auteur véritable* de la *grève ou de l'attentat*, tranquillement assis au coin de son feu, s'inquiètera fort peu de cette vague humanité dont les idées suggérées ont entraîné l'acte et préparera froidement

(1) Quand j'allai, il y a quelques années interviewer le docteur Goupil au sujet de Emile Henry, il me répondit : « C'est la parole éloquente et charmeuse de Sébastien Faure qui a perdu cet enfant. »

Il ajouta : « Je me souviens d'une conférence faite là, tout à côté au théâtre de Paris (maintenant théâtre Sarah-Bernhardt) par le grand orateur Berryer ; le sujet choisi était *Corneille*, nous sentions que l'empire s'écroulait ; à un moment donné, la salle était tellement électrisée, enthousiasmée par la parole chaude et entrainante du grand avocat que, si quelqu'un avait crié : « à l'Elysée ! », toute la salle eut bondi comme un seul homme ».

et rageusement de nouveaux discours qui entraîneront de nouveaux crimes (1).

(1) Preuve : Ces jours derniers encore à la Bourse du travail, après avoir été excités par les discours, les sans travail se précipitent dans la rue aux cris de « Comme à Barcelone » et il s'ensuit l'échauffourée que l'on sait. (Il est probable que dans le nombre il y avait des agents provocateurs.)

CHAPITRE III

Évolution ou Révolution

Évolution ou Révolution

A Monsieur Élisée RECLUS

Nous venons de voir en étudiant l'homme et son origine que la loi qui regit l'humanité est *l'évolution lente*.

« Comment se fait-il qu'à chaque instant nous « entendions acclamer la *Révolution* qui implique « des changements plus ou moins brusques dans « les faits... l'abominable révolution qui s'échappe « soudain des esprits pour éclater dans les rues « accompagnée parfois des hurlements de la foule « et du fracas des armes. » (RECLUS).

Que nous voyons les *socialistes* susciter les grèves et toutes les agitations possibles, comme à Châlon, à Montceau, à Calais, à Marseille, dans le but de la faire surgir, se parant du titre de révolutionnaires, pour décrocher un mandat de député.

Il doit y avoir à celà un manque de logique, un défaut d'observation consciencieuse.

Il y a quelques années le hasard des circonstances me conduisit chez M. *Paul Reclus*, chirurgien des hôpitaux, membre de l'Académie de médecine.

J'avais découvert une fée merveilleuse qui devait faire le bonheur de l'humanité ; j'étais transporté de joie, une joie sublime, énervante, qui m'enlevait tout sommeil et m'obsédait. Il suffirait que les sociétés fussent initiées à cette découverte pour qu'aussitôt elles devinssent amies, d'ennemies qu'elles étaient. Les hommes allaient devenir généreux et désintéressés, la paix universelle serait proclamée, les luttes séculaires que les religions avaient enfantées s'apaiseraient tout à coup, car l'homme deviendrait conscient de lui-même, connaissant les phénomènes de sa pensée.

J'étais un nouveau Christ, apportant à l'humanité le bonheur universel ; mais comme je me sentais défaillir, accablé par l'insomnie, il me fallait trouver quelqu'un à qui confier ma découverte.

Je pensai à un grand homme désintéressé, Elisée Reclus, mais comme il était en Belgique, je songeai à son plus jeune frère.

Celui-ci m'écouta tranquillement, mais voyant des larmes dans ma voix, il me dit : « Ce n'est pas la Révolution sociale qui vous amène ici, car voyez-vous, la Révolution ne conduit à rien de bon. » Comme je lui affirmais que non, lui disant que c'était la « Pensée humaine » qui avait été la cause de mes insomnies, il me donna le conseil d'aller trouver le Dr Etlinger, son voisin, qui s'occupait spécialement de psychologie.

J'y allai, j'expliquai à ce dernier mon angoisse et mon agitation ; il me félicita sur mon travail, puis me donna le conseil d'aller me reposer quelque temps à la campagne et de prendre du chloral pour dormir et me calmer.

Si je cite cette histoire, c'est pour montrer combien l'homme à certains moments se fait d'illusions ; comment sa pensée peut entrevoir soit le « Bonheur de l'humanité », soit la « Douleur universelle », tandis que rien ne change autour ne lui. Il croit à la puissance de certains mots, à la magie de certaines idées, qui n'acquièrent cette intensité et ne lui paraissent réalisables que par le fait de son cerveau malade et hypnotisé.

Ces illusions de la Pensée, elles sont très bien décrites par Proudhon dans son livre « de la création de l'ordre dans l'humanité ». « Le principe des illusions philosophiques est cette espèce de transport, quelquefois passager, souvent durable et opiniâtre, qui suit l'aperception subite d'une haute vérité, ou des rapports imprévus. Cette maladie mentale..., n'a point été signalée par les psychologues, peut-être parce qu'en étant atteints la plupart, ils ne pouvaient la reconnaître... Il n'est pas rare de voir des hommes, d'une grande sagacité, d'un jugement exquis, d'une raison supérieure, poursuivis d'une idée qui, semblable à une illumination soudaine, leur a traversé le cerveau, et y produit les imaginations les plus singulières... Or, les hommes dont je parle ne sont ni fous, ni maniaques; mais, s'il est pour les facultés intellectuelles une hallucination analogue à celle des facultés sensitives, je dirai qu'ils sont véritablement hallucinés. » (pages 46, 47).

C'est pourquoi le sirop de chloral fit merveille. cependant, je n'ai pas oublié les paroles de Paul Reclus : *la Révolution ne mène à rien*.

Pourquoi ces paroles qui, pour moi, semblaient protester contre les opinions de son frère ? Le moment est venu de résoudre cette question. Les quelques lignes qui précèdent seront d'une certaine utilité pour nos conclusions.

Que dit E. Reclus ? « L'évolution est le mouvement infini de tout ce qui existe, la transformation incessante de l'univers et de toutes ses parties depuis les origines éternelles et pendant l'infini des âges »... « En comparaison de ce fait primordial de l'évolution et de la vie éternelle, que sont tous ces petits événements appelés astronomiques, géologiques et politiques ? »... « Ainsi la science ne voit aucune opposition entre ces deux mots, évolution et révolution. »... « Loin d'y voir des faits du même ordre ne différant que par l'ampleur du mouvement, les hommes timorés que tout changement emplit d'effroi, affectent de donner aux deux termes un sens absolument opposé. L'évolution synonyme de développement graduel, continu dans les idées et dans les mœurs est présentée comme si elle était le contraire de cette chose effrayante, la Révolution qui implique des changements plus ou moins brusques dans les faits »

« Evolutionnistes en toutes choses, nous sommes également révolutionnaires en tout »... « On peut dire ainsi que l'évolution et la révolution sont les deux actes successifs d'un même phénomène, l'évolution précédant la révolution et celle-ci précédant une évolution nouvelle, mère des révolutions futures. Un changement peut-il se faire sans amener de soudains déplacements d'équilibres dans la vie ? La Révolution ne doit-elle pas nécessairement succéder à l'évolution de même que l'acte succède à la volonté d'agir ? »

Dans l'infini des mondes et des temps, nous acceptons que Evolution et Révolution sont à peu près synonymes que l'évolution précède la révolution et celle-ci une nouvelle période d'évolution. Mais dans l'infini des mondes et des temps, l'homme est tout à fait étranger « aux voies lactées qui font leur apparition dans les espaces sans borne, qui se condensent et se dissolvent pendant les millions et les milliards de siècles. »

Aussi Reclus joue-t-il sur les mots pour démontrer qu'être évolutionniste, c'est être révolutionnaire. Ces expressions cependant n'ont pas la même signification dans la langue française, comme il l'a reconnu tout d'abord. Ce qu'il prouve bien, c'est qu'il est « évolutionniste en toute chose », mais nullement révolutionnaire, puisqu'il explique que la Révolution ne peut avoir lieu sans une *évolution préalable*, p. 58. En conséquence, le jour où l'évolution sera faite dans les cerveaux et dans les cœurs, la révolution n'aura plus sa raison d'être, puisque les transformations sociales *nécessaires* se seront faites peu à peu sans violence.

Il reconnait en effet, tout en raillant les formules proverbiales, que la formule de Linné est la bonne. *La nature ne fait pas de sauts* que *les révolutions ne sont pas nécessairement un progrès, les fluctuations de la foule se produisant aussi souvent dans le sens progressif que dans le sens régressif.*

Il s'agirait donc de savoir si la Révolution telle que l'entendent nos socialistes révolutionnaires, serait un progrès ou un recul ; si elle favoriserait la marche en avant ou plutôt la réaction. Il ne suffit pas de crier : Révolution, Révolution, pour que nous marchions aussitôt derrière celui qui sait nous entraîner. « Sans doute, il est naturel que l'ignorant suive son instinct : le taureau affolé se précipite sur un chiffon rouge, et le peuple toujours opprimé se rue avec fureur sur le premier venu qu'on lui désigne. De nos jours, le « quatrième état » oubliant les paysans, ne court il pas le risque de se considérer comme une classe distincte et de travailler, non pour l'humanité, mais pour ses intérêts particuliers. »

Il ne s'agit pas ici de renverser un régime d'oppression ; nous avons dit dès le début de ce livre que nous nous occupions de la France, dont le régime actuel peut très bien favoriser et non pas nuire à l'évolution, sans quoi nous serions tous d'accord et nous proclamerions bien haut avec Reclus : « Une révolution quelconque a toujours du bon quand elle se produit contre un régime d'oppression ; mais si elle doit susciter un nouveau despotisme, on peut se demander s'il n'eut pas mieux valu la diriger autrement. » p. 44.

Et nous applaudissons à Paul Bert qui dit dans son manuel d'instruction civique : Et qu'est-ce qu'il faudrait faire si un homme voulait recommencer ce que Louis-Napoléon-Bonaparte a commis le 2 décembre 1851 ?

« — Il faudrait que chaque citoyen prit son fusil, que tout le monde se soulevât et qu'on arretât le misérable pour le faire juger ».

Il n'y a pas de raison, en effet, pour que si un Déroulède ou un Jules Guérin quelconque voulant s'imposer ou imposer par la force un Boulanger à tout un peuple, un autre Jules Guérin ne hisse un canon jusque dans son appartement pour descendre de son cheval le nouvel oppresseur ; c'est un cas de réciprocité ou de légitime défense. Dans un régime évolutionnaire, il n'est donc nullement besoin de révolution. La révolution n'est pas la conséquence forcée d'une évolution.

L'on me dira : mais une minorité, certaines individualités peuvent être opprimées par une majorité. Qu'elles essaient alors de devenir ma-

5.

jorités, car en tant que minorités, leurs révoltes seront réprimées et probablement inutiles; ce n'est pas que nous prêchions la résignation comme celle des Arméniens vis-à-vis des Turcs. Les Turcs, il est vrai, ne vivent pas dans un état évolutionnaire. Toutefois, il y a des oppressions qu'on ne peut supporter; mais il faut être sage dans la révolte, il faut choisir son moment, il ne faut pas qu'avec l'idée de faire le bien, on fasse le mal, et qu'on occasionne une oppression encore plus grande de toute une catégorie de citoyens.

D'ailleurs, quels sont ceux qui proclament la Révolution sociale nécessaire, ils sont à l'heure présente à peu près les maîtres.

Ecoutons Reclus : page 71. « Et quels sont ceux qui se ruent vers le pouvoir pour remplacer cette élite de naissance ou de fortune par une nouvelle élite, soi-disant de l'intelligence? Que sont ces politiciens, habiles à flatter non plus les rois, mais la foule? Un des adversaires du socialisme, un défenseur de ce qu'on appelle les « bons principes », M. Leroy-Beaulieu, va nous parler de cette nouvelle aristocratie en termes qui, venant d'un anarchiste, paraîtront beaucoup trop violents et réellement injustes : « Les politiciens contemporains à tous les degrés, dit-il, depuis les conseillers municipaux des villes jusqu'aux ministres, représentent, pris en masse, et la part faite de quelques exceptions, une des classes les plus viles et les plus bornées de sycophantes et de courtisans qu'ait jamais connues l'humanité. Leur seul but est de flatter bassement et de développer tous les préjugés populaires, qu'ils partagent vaguement pour la plupart, n'ayant jamais consacré un instant de leur vie à la réflexion et à l'observation ».

Aussi avec de tels chefs, je crois bien qu'on ne peut faire que de la mauvaise besogne, il est donc utile *d'évoluer* encore en attendant mieux, et le premier devoir des hommes de bien est de chercher à instruire et à éduquer, à répandre les idées de vérité et de justice. « Certaines morts héroïques sont parmi les grands événements de l'histoire, mais combien plus important fut le rôle des existences consacrées au bien public ».

Nous avons donc encore un long stade à parcourir, car ainsi que le proclame l'*Internationale* :

« L'émancipation des travailleurs sera l'œuvre des travailleurs eux-mêmes ». « Cette parole est vraie dans son sens le plus large. S'il est certain que des hommes dits « providentiels » ont prétendu faire le bonheur des peuples, il n'est pas moins avéré que tous les progrès humains ont été accomplis grâce à la propre initiative de révoltes ou de citoyens déjà libres. C'est donc *à nous-mêmes* qu'il incombe de nous libérer, nous tous qui nous sentons opprimés de quelque manière que ce soit et qui restons solidaires de tous les hommes lésés et souffrants en toutes les contrées du monde.

Mais pour combattre, il faut savoir. Il ne suffit pas de se lancer furieusement dans la bataille comme des Cimbres et des Teutons, en meuglant sous son bouclier ou dans une corne d'aurochs. La *condition première* du triomphe est *d'être débarrassés de notre ignorance* : il nous faut connaître tous les préjugés à détruire », page 78.

« C'est dans les têtes et dans les cœurs que les transformations ont à s'accomplir avant de tendre les muscles et de se changer en phénomènes historiques », page 63.

Mais tout ceci, c'est l'*évolution* et forcément l'*évolution lente*. Le jour où l'humanité aura ainsi évolué, la Révolution sera devenue inutile, car il n'y aura plus ni Bastille à démolir, ni superstition à détruire.

« L'objectif premier de *tous les évolutionnistes consciencieux* et actifs étant de connaître à fond la société ambiante qu'ils réforment dans leur pensée », (page 119), *leur devoir* est de ne pas laisser croire à la foule simpliste, qu'ils sont pour la révolution, alors qu'ils proclament la nécessité de l'évolution préalable. Car, s'ils ont reconnu que le progrès humain s'est effectué *lentement*, ce serait une hérésie que de laisser croire de suggérer que tout à coup sous l'influence d'une *fée magique*, la Révolution pourrait donner a l'humanité le *bonheur idéal*.

Voilà surtout où pèchent non pas *les évolutionnistes*, mais *les révolutionnaires*, car en *socio-*

logues consciencieux, nous devons connaitre la nature humaine, savoir que les collectivités comme les individualités sont impressionnables, surexitables, suggestibles, qu'elles peuvent se laisser entraîner par les discours à des violences tout à fait contraires à leurs intérêts.

Nous devons donc *tenir grand compte de ces illusions de nos sens,* de ces suggestions, de nos pensées, de ces emballements, et l'homme, vraiment épris de justice et de vérité, surtout quand il veut lui parler, ne devrait donner que de sages conseils à la foule.

Nous devons réfléchir avant de dépeindre la Révolution comme une fée mérveilleuse qui, tout à coup va faire apparaître l'idéal bonheur ; faire des hommes qui n'étant « ni bons, ni mauvais » autant de petits saints ; ni égoïstes, ni désintéressés, autant d'hommes généreux.

S'il ne lui parlait que de sciences, des lois biologiques et sociologiques, s'il cherchait à lui enseigner les principes du juste, du bien, du vrai, ce serait parfait ; mais s'il prononce des termes qui pour elle sont synonymes de violence, qu'il prenne garde, car juste retour des choses il pourrait être le premier à s'en apercevoir.

Ainsi dit Reclus, p. 49-50 : « En quelques jours, en quelques heures, le remous des évènements entraine la même foule aux manifestations les plus contraires d'apothéose ou de malédiction. Ceux d'entre nous qui ont combattu pour la Commune connaissent ces effrayants ressacs de la houle humaine. Au départ pour les avant-postes on nous suivait de salutations touchantes, des larmes d'admiration brillaient dans les yeux de ceux qui nous acclamaient, les femmes agitaient leurs mouchoirs tendrement. Mais quel accueil fut celui des héros de la veille qui, après avoir échappé au massacre, revinrent comme prisonniers entre deux haies de soldats ! En maint quartier, le populaire se composait des mêmes individus ; mais quel contraste absolu dans ses sentiments et son attitude ! Quel ensemble de cris et de malédictions ! Quelle férocité dans les paroles de haine. « A mort ! A mort ! A la mitrailleuse ! A la guillotine ! »

Et ces hommes et ces femmes avaient raison, ils avaient cru les prometteurs de paradis (des hallucinés peut-être) ; ils avaient cru à la déesse merveilleuse qui, d'un coup de baguette, transformerait la société et les premiers moments d'illusion, d'hallucination passés, ils redevenaient eux-mêmes, c'est-à-dire des hommes, non des demi-dieux.

L'homme sage, vraiment épris de sentiments généreux est donc celui qui se contente d'observer, d'apprendre et d'enseigner, qui essaye de comprendre ces lois inconnues qui mènent les collectivités comme les individualités et ne pense pas que, semblables à des demi-dieux, les hommes peuvent changer le cours naturel des choses.

Ce qui est. doit être ; le peuple a le système social pour lequel il est mûr ; mais nous pouvons prévoir, préparer l'avenir, non détruire, violenter le présent ; car si nous combattons l'oppression, ce n'est pas pour nous imposer par la force et la violence.

En résumé, l'évolution est la loi naturelle et logique des êtres.

Au point de vue suggestion, le terme révolution doit être banni pour éviter les crimes absurdes, inutiles et nuisibles à cette même évolution.

En résumé, l'évolution est la loi naturelle et logique des êtres.

Au point de vue suggestion, le terme révolution doit être banni pour éviter les crimes absurdes, inutiles et nuisibles à cette même évolution.

CHAPITRE IV

Les différentes Écoles Socialistes

6

Les différentes écoles socialistes

En définissant le socialisme, nous avons dit qu'il était une « aspiration vers la justice, le rêve d'un avenir meilleur, le plan d'une société idéale ou tout le monde serait heureux ».

Nous avons été obligé de limiter cette définition par trop générale à un parti bien déterminé, et de même que tous les écrivains qui ont traité cette question, nous pensons comme nous l'avons dit plus haut, en citant d'autres auteurs, que le terme de *socialistes* doit s'appliquer spécialement aux « hommes qui veulent changer la constitution fondamentale de la société, en substituant la propriété commune ou collective ou sociale à la propriété individuelle. D'où les noms divers qu'on peut leur donner de communistes ou collectivistes » (1).

(1) Mermeix dans « La France socialiste », 1886, continue à ce sujet : « Les socialistes sont donc des révolutionnaires intransigeants, avec lesquels il est inutile de songer à entrer en composition. Ils veulent tout. Aucune concession ne les désarmera. Il est vrai que les concessions ne désarment jamais. Elles affaiblissent qui les accorde et fortifient qui les obtient.

« Quand les candidats, même les plus radicaux, se disent, dans leurs professions de foi, socialistes, ils n'entendent pas du tout le socialisme révolutionnaire des collectivistes ou communistes.

Ce qui le prouve bien encore, c'est ce que Viviani écrivait le 23 février 1901 dans la *Lanterne* : « Demain, les mines, les chemins de fer, le crédit, les raffineries, pour commencer, seront aux mains de l'état qui, au moins, s'il continue à payer, tirera le profit qui va tout droit à des escarcelles particulières. Certes, *ce ne sera pas le socialisme*, pas même ce qu'on a appelé par une perversion de la langue économique, le socialisme d'état. Ce sera, respectant la propriété capitaliste, un capitalisme d'état. *Nous saluons la première étape.* »

Dans ce chapitre, nous allons étudier spécialement leurs théories. Ce qui nous frappe tout d'abord, c'est de voir que ces hommes se *réclament de la science* ; nous trouvons à chaque instant sous leur plume « socialisme scientifique » cela voulait probablement dire dans leur cerveau « conception d'un système théorique, qui peut se soutenir avec apparence de logique », en dehors de cette définition, il est impossible de comprendre ce terme *scientifique*, leurs théories, étant en contradiction flagrante avec la *science*, qui est

« Le socialisme d'affiches des bourgeois radicaux n'est pas révolutionnaire. Ces citoyens accorderaient volontiers des caisses de retraite pour les ouvriers ; ils favoriseraient les associations ouvrières ; ils limiteraient au besoin la durée de la journée de travail. Mais ils reculeraient d'horreur s'ils entendaient dire que socialisme signifie abolition de la propriété individuelle. Or, le mot socialisme n'a pas d'autre sens. Toutes les réformes qu'on fera dans la société actuelle, sans toucher à son principe fondamental, qui est la propriété individuelle, seront des réformes philanthropiques, économiques ; ce ne seront pas des actes socialistes ».

ici fondée sur « l'observation » « nullement théorique par conséquent », base de toutes les sciences biologiques et par conséquent sociologiques.

Sans entrer dans tous les systèmes qui ont été émis depuis un siècle, nous nous bornerons à l'analyse du communisme anarchique et du communisme collectiviste, qui sont les seuls à l'heure présente, que nous puissions discuter.

L'Anarchie

Dans tous les temps et dans tous les lieux, l'espèce humaine a eu des hommes ambitieux, autoritaires qui ont voulu imposer leurs idées, même par la force, et d'autres des « libéraux », des « libertaires » partisans du « laisser faire, laisser passer » qui plus généralement bons, se contentaient de parler et de prêcher d'exemple, de donner des conseils, sans vouloir les imposer.

Ces deux tempéraments, nous les trouvons partout chez les animaux supérieurs et chez l'homme.

Nous avons connu des Thémistocle et des Aristide, des Robespierre et des Danton.

Ce contraste des tempéraments a amené dans un système social dénommé « Communisme » deux formes différentes : L'une, le « Collectivisme » s'imposant par un pouvoir central, se réclamant d'une autorité, a eu pour grand apôtre le juif allemand Karl Marx, Fr. Engels, Lassalle et tous leurs prosélytes actuels Liebnecht (mort) Bebel, Guesde, Jaurès, etc.

L'autre, l'Anarchie, ne reconnaissant plus aucune

autorité, aucun pouvoir eut comme vulgarisateurs le russe Michel Bakounine, et actuellement Kropotkine, E. Reclus, S. Faure.

L'An-archie dit M. Kropotkine (1) vient du grec (αν αρχη) qui veut dire « pas de pouvoir » ce mot fit son apparition au sein de l'Internationale, de ce qu'une partie, sous la direction de Bakounine voulant combattre la papauté de Karl Marx, nia l'autorité dans l'association même, se révoltant contre l'autorité sous toutes ses formes. Ce parti, prit d'abord le nom de *fédéraliste* anti-étatiste, anti-autoritaire ; mais les marxistes jetèrent à leurs adversaires l'épithète qui devait leur rester « pour jeter la confusion » et bien prouver au peuple par ce mot qui est synonyme de désordre que la seule ambition des anarchistes « est de créer le désordre et le chaos, sans penser au résultat. »

Ceux-ci acceptèrent d'ailleurs cette épithète sans difficulté, trouvant dans l'étymologie grec une signification d'accord avec leurs principes, se contentant d'abord de l'écrire en deux mots, séparés par un trait d'union ; « mais bientôt ils l'acceptèrent tel quel, sans donner de besogne inutile aux correcteurs d'épreuves, ni de leçons de grec aux lecteurs. »

Mais de ce qu'ils ne voulaient pas de « pouvoir » ils n'aspiraient pas pour cela au désordre ; au contraire leur désir c'était l'ordre, la liberté, la

(1) *Paroles d'un révolté.*

justice, la destruction de toute autocratie — (toujours méprisable) — dans les sociétés conscientes d'elles-mêmes.

C'était : « Instaurer un milieu social qui assure à chaque individu toute la somme de bonheur adéquate, à toute époque, au développement progressif de l'humanité (1). »

Le grand tort de l'anarchie, c'est d'abord d'avoir accepté pour dénomination un terme qui dans le langage courant ne représentait pas les idées de ses principaux théoriciens ; si on révolutionne assez facilement peut-être les gouvernements, il n'est pas aussi facile de révolutionner un peuple pour la simple signification d'un mot. Or, nous pouvons constater tous les jours combien la signification des mots a une importance : allez dans une de ces petites villes de l'Ouest, où jamais un israëlite n'a pénétré, et demandez à un campagnard quelconque ce qu'ils pense d'un juif, à sa réponse vous comprendrez l'influence des mots.

Cette dénomination du parti des Bakounine, des Reclus, des Kropotkine, Sébastien Faure, etc., était si mauvaise, que tous les attentats, qui pouvaient « créer le désordre et le chaos, sans penser au résultat », bien que blâmés très certainement par ces hommes, étaient mis au compte des anarchistes. Bien mieux, le mot était désormais accepté sans réticence — étant donné son élasticité — Kropotkine et Louise Michel se

(1) Sébastien FAURE.

croyaient obligés de défendre tous les bandits qui s'en réclamaient.

Première absurdité.

En second lieu, c'est commettre une seconde faute très grave, que de vouloir, contrairement à la langue française, faire du mot révolution le synonyme d'évolution; et quand on est évolutionniste paisible comme M. Reclus et qu'on démontre si bien que la loi d'évolution domine toute chose, de faire croire que l'on est, de vouloir se donner en exemple comme révolutionnaire, et d'indiquer aux jeunes gens toujours prêts à s'emballer la révolution comme un idéal.

Si ces hommes, au contraire s'étaient obstinés à conserver le titre de « fédéralistes », en y ajoutant ceux d'autonomistes, d'individualistes, en essayant de démontrer que leurs idées étaient, *peut-être* dans la loi d'évolution et qu'elles amèneraient, *le plus possible,* l'ordre, la liberté, la justice; s'ils avaient répudié toute violence, se conformant à l'évolution, leur parti eut fait de grandes recrues, intelligentes et éclairées.

Car enfin, « pas de pouvoir », réduire l'autorité à sa plus simple expression, il n'y a pas que les Kropotkine et les Reclus qui pensent ainsi.

Ce merveilleux orateur qu'est Clémenceau, dans une superbe envolée, ne s'est-il pas écrié, acclamé de toute une élite intellectuelle :

« Faut-il un maître? L'humanité les a tous essayés : le maître légitime imposé par Dieu, puis le César qui comprend la patrie comme un cimetière, *puis le maître anonyme, irresponsable aux mille têtes* : le peuple qui ne *veut* pas savoir, qui ne *peut* pas savoir. (Applaudissements.)

« Et tous ont paru mauvais et injustes et la vérité paraît être : *pas de maître du tout*.

« Que l'homme soit lui-même libre, bon ou mauvais, grand ou petit, avare ou prodigue, avec ses défauts ou ses qualités, mais qu'il soit lui-même, qu'un oppresseur ne vienne pas lui imposer sa méchanceté, sa petitesse, sa cupidité. »

Quant à Henri Maret, il a maintes fois répété (1) que l'idéal de gouvernement était le moins de gouvernement possible.

« Les gouvernements ne laissent pas que d'être embarrassés. C'est pourquoi il faut avoir pour eux quelque indulgence. Quoi qu'ils fassent, ils seront toujours dans leur tort ; car leur sort est de contenter des hommes qui jamais ne sauront être contents, par cela seul qu'ils sont des hommes..... Il n'y a guère qu'avec moi que les gouvernements auraient de l'agrément, je les supprime. »

Bakounine n'en disait pas plus : « S'ensuit-il que je repousse toute autorité ? Loin de moi cette pensée. Lorsqu'il s'agit de bottes, j'en réfère à l'autorité des cordonniers ; s'il s'agit d'une maison, d'un canal ou d'un chemin de fer, je consulte

(1) *Radical*, 17 novembre 1901.

celle de l'architecte ou de l'ingénieur. Pour telle science spéciale, je m'adresse à tel ou tel savant. mais je ne me laisse imposer ni le cordonnier, ni l'architecte, ni le savant. Je les accepte librement et avec tout le respect que méritent leur intelligence, leur caractère, leur savoir, en réservant toutefois mon droit incontestable de critique et de contrôle. »

Et il ajoute (1) : « Qu'est-ce que l'autorité ? Est-ce la puissance inévitable des lois naturelles qui se manifestent dans l'enchaînement et dans la succession fatale des phénomènes du monde physique et du monde social ? En effet, contre ces lois la révolte est non seulement défendue, mais elle est encore impossible. »

« Vis-à-vis des lois naturelles, il n'est pour l'homme qu'une seule liberté possible : c'est de les reconnaître et de les appliquer toujours davantage, conformément au but d'émancipation ou d'humanisation collective ou individuelle qu'il poursuit. »

Quand on dit si bien les choses, on n'est pas plus révolutionnaire et anarchiste que Clémenceau et H. Maret.

Nous nous sommes expliqués au sujet de la Révolution dans un chapitre spécial ; or, Bakounine, Kropotkine étant des slaves venant de l'empire des tzars, nous pouvons nous expliquer leur tempérament révolutionnaire ; mais puisqu'ils

(1) *Dieu et l'Etat.*

donnent le conseil de s'en remettre librement à l'autorité de certains spécialistes, en ajoutant que l'humanité est soumise à des lois naturelles, vis-à-vis desquelles l'homme n'avait « qu'une liberté possible : celle de les reconnaître et de les appliquer ».

La logique la plus pure dira d'étudier ces lois naturelles, qui sont ici *les lois sociologiques*, et si ces lois conseillent d'avoir une *administration quelconque* dans les sociétés, il sera nécessaire de s'y conformer *librement.*

Or, pour notre part, nous savons combien il est difficile de se reconnaître dans le galetas de cette sociologie encore en enfance, et comme nous n'avons pas encore d'écoles ou de facultés — sauf à Bordeaux où l'on a créé dernièrement une chaire de sociologie — où on l'enseigne, nous comprenons trop bien comment les hommes et leurs sociétés, ignorant les lois naturelles, sont encore plongés dans le chaos, le désordre et l'anarchie.

Mais peu à peu nous l'espérons, les hommes apprendront ces lois sociologiques, et les sociétés plus conscientes d'elles-mêmes, délégueront *librement* à l'administration de la « chose publique », ceux qui les auront étudiées et approfondies et que leurs concitoyens jugeront les plus aptes et les plus dignes.

Nous n'en sommes pas encore là, malheureusement! Que de chemin nous avons encore à parcourir.

Au fond du compte, il n'y a rien dans « l'Anarchie » qui ne puisse être soutenu — à part certaines contradictions flagrantes avec la théorie elle-même — par les républicains restés fidèles à l'idéal républicain et l'étymologie même de république.

Car « instaurer un milieu social qui assure à chaque individu toute la somme de bonheur, adéquate à toute époque, au développement progressif de l'humanité ».

Quel est l'homme tant soit peu intelligent, au courant de la moindre notion de sociologie, qui ne veuille se réclamer de cette formule.

Reconnaître et appliquer de plus en plus les lois naturelles et s'y conformer librement n'est-ce pas étudier et approfondir les lois sociologiques, et tâcher de s'y conformer de plus en plus en suivant la loi d'*évolution* dont les Bakounine et Reclus se réclament.

Les seules contradictions sont dans : « Révolution synonyme de Violence », or il ne faut pas être grand clerc pour voir aussitôt que ce mot, dont on a voulu faire un droit ou un devoir pour quiconque veut s'en réclamer, est en contradiction avec la théorie même de « pas d'autorité », pas de pouvoir; car s'imposer aux autres par la force, par la violence, c'est retomber dans la formule de ceux qui s'imposent par « l'autorité »; c'est vouloir violenter les lois naturelles « qui ne font pas de sauts », violer l'expression même de An-archie.

En un mot, l'anarchie de violence telle que certains ont essayé de la faire comprendre ne peut pas exister, ou n'existerait que sous un régime autoritaire qui *l'imposerait aux autres* et par conséquent ne serait pas l'An-archie.

A ce propos

Nous allons voir comment l'ancien préfet de police, Andrieux, abusant de sa situation et des contradictions théoriques de l'An-archie, suggéra certain attentat, et *conséquemment d'autres plus graves qui suivirent.*

« Si j'ai combattu leurs projets de propagande par le fait, j'ai au moins favorisé la divulgation de leurs doctrines par la voie de la presse, et je n'ai pas de raisons pour me soustraire plus longtemps à leur reconnaissance.

« Les compagnons cherchaient un bailleur de fonds ; mais l'infâme capital ne mettait aucun empressement à répondre à leur appel.

« Je poussai par les épaules l'infâme capital et je parvins à lui persuader qu'il était de son intérêt de favoriser la publication d'un journal anarchiste.

« Mlle Louise Michel était l'étoile de ma rédaction. Je n'ai pas besoin de dire que la grande citoyenne était inconsciente du rôle qu'on lui faisait jouer et je n'avoue pas sans quelque confusion le piège que nous avions tendu à *l'innocence* de quelques compagnons des deux sexes » (1).

(1) ANDRIEUX, *Souvenirs d'un préfet de police.*

Bref, après avoir passé en revue le Palais Bourbon, la Banque de France, l'Elysée, la préfecture de police, le ministère de l'intérieur, Andrieux suggéra de s'attaquer à la statue de Thiers, qui venait d'être inaugurée à Saint-Germain. Et ce fut probablement M. Andrieux, lui-même (par son fidèle représentant), qui déposa la fameuse « boite à sardines, remplie de fulmi-coton et soigneusement enveloppée dans un mouchoir » entre les pieds du fauteuil où Thiers est assis.

Si M. Andrieux était un peu plus fort en psychologie et en psycho-sociologie, il comprendrait que c'est lui probablement qui *a suggéré* les paroles proférées, par Louise Michel, le 13 mai 1881, ce qui est criminel, car certains actes, de peu dangereux qu'ils étaient en 1881 ont pu devenir très dangereux plus tard.

On *suggère* la fameuse boite à sardines remplie de fulmi-coton et on la retrouve dans la suite, oh ! chose curieuse, incroyable, coïncidence à approfondir par qui sera à même de le faire, entre les mains de Emile Henry, au café Terminus.

La psycho-sociologie de ces incidents commence avec Andrieux, en 1881, — car ce fut, je crois le premier attentat, — et se termine avec le poignard de Caserio ; il y a là un enchaînement, une suggestion, qu'il serait absurde de nier.

Que ceux qui présentement ou dans l'avenir, remplissent le rôle de préfets de police, soient donc des sociologues et des psychologues instruits et ils trouveront qu'il y a parmi leurs agents provocateurs des rôles absolument dangereux pour la société qui les paye, et aussi probablement beaucoup d'économies à réaliser.

Embarqués dans une mauvaise voie, les anarchistes se sont trouvés et crus obligés de défendre ou d'excuser au nom de leurs principes tous ceux qui criminels par leurs attentats répandaient la peur et l'horreur.

Toutes ces contradictions, tout ce chaos et ce désordre dans les idées d'un parti, ont fait que la presque unanimité des gens n'ont rien compris, n'ont même pas cherché à comprendre les idées des Reclus, Kropotkine, Bakounine, etc.

Ainsi nous trouvons dans la *France socialiste* : « On imagine encore une société collectiviste où, le capital étant la propriété commune, chacun devra contribuer à sa mise en œuvre dans la mesure du besoin collectif. Mais l'anarchie est l'incompréhensible.

« Les anarchistes procèdent, quoiqu'ils en disent, du principe individualiste. C'est à contre sens qu'ils se proclament communistes. Quelques nobles esprits ont vu l'anarchie dans un rêve. MM. Elisée Reclus et Kropotkine sont de grands visionnaires. C'est eux qui servent d'enseigne au parti anarchiste. Ils sont ses porte-respect. »

Collectivisme-Communisme

Le collectivisme, n'est pas un fief que *certains hommes* peuvent accaparer, pour s'en faire un piédestal, le modifiant suivant leur fantaisie du jour. La théorie en est bien définie, et si on veut l'apprécier, il faut l'étudier jusque dans ses conséquences forcées, qui deviendraient la réalité lors de sa mise en pratique.

Le collectivisme, supprime la propriété individuelle et la remplace par la propriété collective, la production individuelle, par la production collective; . . . .
il *socialise*, (exproprie) au profit de la collectivité, les sols, sous-sols, usines, machines et généralement, tout l'outillage industriel, commercial et agricole.

« Ce qui constitue le but final poursuivi par le socialisme, c'est l'appropriation collective des moyens de production et d'échange, l'organisation sociale du travail, la répartition de la plus-value entre les travailleurs, *défalcation faite du quantum nécessaire à la satisfaction des besoins généraux de la société.*

« Par conséquent, en régime de collectivisme

intégral — à supposer, ce que nous ne préjugeons pas, que ce régime doive se réaliser un jour — la terre, les usines, les établissements industriels, les instruments de crédit, les moyens de circulation et de transport appartiendraient à la collectivité...

« Le capital collectif, dit Schaeffle, devrait être affecté et approprié, une fois pour toutes, aux différents groupes locaux et professionnels, et à leurs subdivisions, par des organes spéciaux de la communauté : autorités administratives établies en vertu de la loi, au chefs populaires exerçant une autorité purement morale. Ces mêmes organes auraient à pourvoir au renouvellement et à l'augmentation des moyens de production. Cette direction et cette administration économique *seraient donc affaire publique et centralisée*, et non pas l'œuvre des capitaux concurrents. »

« Dès à présent... la révolution sociale est en marche : tout le mouvement de la production capitaliste, dans le sens de la socialisation du travail prépare et nécessite la socialisation de la propriété. »

Voici d'abord la pure théorie.

Puis nos collectivistes vont essayer de prouver qu'ils sont d'accord avec les lois sociologiques.

« Il importerait assez peu, en effet, que nos principes de répartition *soient plus équitables* que les principes actuellement admis, si leur application devait amener un recul, ou même un arrêt, dans l'expansion des formes productives.

« La constatation fondamentale qui se dégage de toute l'histoire économique du monde, c'est qu'un régime de production — quelles que soient les injustices qu'il entraine, les protestations qu'il suscite, les révoltes qu'il provoque — ne disparait jamais *que devant un régime supérieur*, non seulement au point de vue de la justice abstraite, mais encore et *surtout au point de vue de la productivité sociale.*

« ... toutes les considérations sentimentales que l'on peut invoquer en faveur du socialisme, ne suffiraient pas à déterminer son émancipation réelle, si le collectivisme *n'était pas destiné à l'emporter sur le régime capitaliste à cause de sa* PRODUCTIVITÉ SUPÉRIEURE (1). »

« Toute la conception Marxiste, au contraire, s'appuie sur cette idée fondamentale que la transformation de la propriété personnelle en propriété capitaliste et de la propriété capitaliste en propriété sociale, a pour facteur déterminant la supériorité productiviste du capitalisme sur la petite production, du socialisme sur la production capitaliste.

« Si les producteurs autonomes, les maîtres artisans, les paysans propriétaires, en un mot tous ceux qui travaillent pour eux-mêmes, sans partager avec personne le fruit de leur labeur, tendent à disparaître, c'est, avant tout, parce que

(1) VANDERVELDE. — *Le Collectivisme et l'évolution industrielle.*

leur énergie au travail ne suffit pas à compenser les avantages du travail socialisé. »

Comment la propriété individuelle va-t-elle se transformer en propriété collective ? Voici quatre formes d'appropriation du sol exposées dans le livre de Benoît Malon — *Exposé des Ecoles socialistes* — à l'article : Collectivisme international.

« 1° La terre pourrait appartenir à des collectivités restreintes ou associations agricoles, comme certaines usines appartiennent à des associations d'ouvriers industriels, ce serait en un mot, la généralisation des sociétés corporatives de production dans le domaine de l'agriculture dont les associations du Norfolk, en Angleterre, par exemple d'Assington, nous représentent dès aujourd'hui le type. Ces associations se généralisant, devenant la règle au lieu de l'exception qu'elles sont actuellement et tendant à se solidariser, pourraient se répartir la rente foncière de façon à niveler pour chacune d'elles les conditions d'exploitation. (Ici, chez ces cultivateurs anglais, le travail collectif précède donc la propriété collective.)

« 2° Comme les conditions d'une bonne culture exigent que l'exploitation ait au moins une étendue d'une lieue carrée (voir Fournier ainsi que Proudhon dans sa nouvelle théorie de la propriété), on peut prévoir que le système des associations agricoles aboutiraient à la mise en commun des terres de la commune. Chaque commune rurale pourrait ainsi ne constituer qu'une seule association agricole (sans doute plus ou moins industrielle en même temps) et le sol se trouver propriété collective de la commune. La commune russe nous offre aujourd'hui un type de cette forme de la propriété collective, bien que souvent la culture ne s'y fasse pas par association, mais par famille. (Ici donc, dans la commune slave, la propriété collective précède la culture collective.)

« 3° Le sol pourrait être la propriété collective de l'ensemble des groupes agricoles d'une nation ou d'une confédération de nations, et la haute direction de l'exploitation territoriale centralisée entre les mains d'un conseil, nommé par les divers groupes de cultivateurs. Cet état de choses offrirait une grande facilité pour l'exécution des grands travaux de drainage, de défrichements, de reboisements, d'irrigations. C'est vers cet état que tendait évidemment Proudhon en 1858, quand il proposa de décréter, par une loi : que lorsque par l'accumulation d'annuités, le propriétaire serait rentré dans la valeur de son immeuble, augmenté d'une prime de 20 pour cent à titre d'indemnité, la propriété fit retour à la Société centrale d'agriculture chargée de centraliser l'exploitation du territoire, et de pourvoir, par la création de compagnies agricoles locales, à l'organisation de l'agriculture. (Voir les *Idées révolutionnaires*.)

« 4° Enfin la terre arable pourrait être la propriété

nationale, comme sont aujourd'hui un grand nombre de forêts; mais par la fédération des peuples, dont l'association internationale est le prélude et l'embryon, cette nationalisation de la terre comme disent les Anglais, serait de fait l'appropriation collective du sol par la grande société travailleuse et civilisée (nous entendons ce mot dans sa véritable acception, et non dans la signification que lui ont donnée les phalanstériens), serait ce que Robert du Var appelle la socialisation de la propriété terrienne. Certes, à parler rigoureusement, ce ne serait pas encore la propriété collective du sol à l'humanité, puisque tant de peuples encore, surtout en Asie, en Afrique et en Océanie, sont en dehors du mouvement civilisateur et rénovateur qui emporte l'Europe et le Nouveau Monde; mais il ne faut pas être prophète pour oser affirmer que ces peuples, ou disparaîtront par voie d'extinction devant la concurrence vitale des peuples mieux doués, ou bien entreront eux-mêmes dans le courant de la civilisation Européo-Américaine : dans l'un comme dans l'autre cas, le sol, de propriété collective sociale, devient dès lors propriété humanitaire.........

« Disons ensuite que, si nous nous plaçons exclusivement au point de vue d'une évolution lente et progressive, les trois premières formes d'appropriation collective du sol nous paraissent être une préparation graduelle, un acheminement vers la quatrième forme, la plus générale et la dernière;

mais hâtons-nous d'ajouter que nous, qui admettons l'intervention dans les phénomènes sociaux de cet élément que l'Egalité de Genève appelle : « La volonté réfléchie des travailleurs organisés » et que nous avons appelé la Révolution sociale, nous sommes plutôt disposés (lorsque nous voyons comment tout nous précipite vers un cataclysme dont la Commune de Paris n'a été que le prélude) à penser qu'on ne passera point par ces diverses phases, mais qu'on établira de plain-pied le système de la propriété collective sociale par une liquidation procédant par voie d'appropriation pour utilité publique, avec indemnité, sans aucun doute, pour les petits propriétaires travailleurs, mais sans indemnité peut être envers les riches rentiers oisifs et les hauts barons de la moderne féodalité terrienne (1). »

C'est aussi en se plaçant au point de vue du rendement supérieur, produit avec le minimum de travail et de peine, que seront intallées les cuisines nationales.

« Le *Temps*, après avoir expliqué qu'un seul des fourneaux en question... peut débiter jusqu'à quatre-vingt dix millions de rations par an, proclame que là est le salut pour les estomacs délabrés de nos contemporains. Suppression des intermédiaires, division du travail, achat des denrées en gros, réduction au minimum des frais de manipulation et de cuisine ». — Ce communisme

(1) *Ecoles socialistes françaises*, B. MALON, p. 282.

alimentaire présente tous les avantages, en même temps qu'il permet seul d'en finir avec un empirisme aussi meurtrier que ruineux et d'aborder scientifiquement. — (il a été établi qu'il fallait en moyenne pour un adulte et par jour 100 à 120 grammes d'albumine, 50 à 60 grammes de graisse et 500 à 600 grammes d'hydrate de carbone), — le grave problème de la nourriture humaine au point de vue de la santé générale de la race, de sa force et de son rendement.

« Le *rendement supérieur* résultant pour la machine humaine d'une alimentation plus hygiénique et plus substantielle, devait naturellement figurer au premier rang des considérations qui ont conquis finalement l'individualisme bourgeois à cette transformation de la préparation des aliments en service général au même titre que l'éducation.....

« Mais peu importe le motif mercantile de la conversion du *Temps* et de sa caste.

« Il n'en reste pas moins acquis, de l'aveu même des plus farouches anti-communistes :

« 1° Que le foyer domestique, en tant que bouilleur de marmite, est condamné comme un mode inférieur et insuffisant de réparations des forces humaines ;

« 2° Que le fourneau commun qui donne lieu au contrôle, désinfecte l'habitation agrandie, et crée à l'humanité des loisirs toujours mieux employés soit à des soins de propreté, soit à des lectures, soit à des exercices physiques, *n'est pas seulement l'avenir*, mais du bel et beau présent ;

« 3° Que les communistes tant honnis, que l'on renvoyait à Sparte et à son brouet noir, ont été, sur ce point comme sur tous les autres, des précurseurs, ayant seuls su dégager la marche évolutive de leur époque.

« Et cela vous suffit pour le moment.

« Car des cuisines publiques du capitaine Wolff à la *cuisine sociale que nous réclamons, il n'y a qu'un pas, que ne manquera point de franchir la prochaine révolution ouvrière* (1). »

Il est intéressant aussi de savoir comment fonctionneront les cuisines nationales.

« C'est une chose vraiment admirable qu'aujourd'hui... mille cuisines nationales, nourrissant chacune plus de mille personnes, aient pu être ouvertes en même temps. A vrai dire, celui qui s'est imaginé qu'il serait nourri dans ces cuisines nationales comme aux tables d'hôte du Grand Hôtel dans le temps où une bourgeoisie voluptueuse s'y bourrait de mets recherchés, doit se trouver déçu. Il n'y a naturellement pas non plus dans les cuisines de notre société socialisée, de garçons en habits noirs ni tirés à quatre épingles, ni de cartes de mets longue d'une aune ni d'autres choses pareilles.

« Tout y est réglementé jusque dans ses plus petits détails ; nul n'est favorisé le moins du

(Jules GUESDE. — *Le Socialisme au jour le jour*, p. 370 et s.)

monde aux dépens des autres. On n'a naturellement pas le choix entre les diverses cuisines ; chacun n'a le droit de manger que dans le district où est situé son nouveau logement. Le repas principal se sert de midi à six heures du soir. Chacun s'inscrit à sa cuisine respective, soit par l'intervalle de repos qui lui est accordé au milieu de son travail, soit pour l'heure où son travail est fini. Malheureusement, sauf le dimanche, je ne puis manger avec ma femme comme j'en ai l'habitude depuis vingt cinq ans, car nos heures de travail sont tout à fait différentes.

« En rentrant dans la salle à manger, vous faites détacher de votre livret par le comptable un coupon de nourriture et vous recevez en échange un numéro qui désigne votre série. Dès que des places se trouvent aux tables et que votre tour vient, vous allez prendre votre portion au buffet.

« A l'origine, nous disait notre voisine, la cuisinière, on voulait offrir au choix dans chaque cuisine, des mets variés, de telle sorte que le choix se trouvât graduellement restreint pour les derniers venus, à mesure que les plats s'épuiseraient. Mais on s'est bientôt convaincu que ce serait une injustice à l'égard de ceux qui ne pourraient venir que tard au restaurant parce que leur temps de travail occuperait les heures précédentes (1). »

Le jour où les immeubles des villes grandes et petites seront socialisés, il faudra s'occuper de les

(1) *Où mène le Socialisme* (*loc. cit.*).

répartir au mieux de la Justice et de l'Egalité; Richter nous fait assister à cette répartition au lendemain de la révolution sociale.

Nous assisterons aussi au grand déménagement, et Richter nous montre comment les meubles qui chez les riches encombraient leurs habitations jusqu'aux toits, comment cette surproduction qui produit l'encombrement des magasins (1), si bien mise en lumière par les collectivistes dans leurs discours (écoutez Zévaès) ne suffisant pas, on en est réduit, au grand désapointement de tous, à vérifier ce que le grrrand socialiste Bebel avait toujours dit et écrit :

« Le ménage sera réduit au plus strict nécessaire »

Alors, à quoi bon la Révolution sociale, au diable le collectivisme, si nous en sommes réduits « au plus strict nécessaire » ; aujourd'hui nous avons du moins la liberté de travailler ou de ne rien faire, et celui qui veut travailler davantage a au moins l'espérance d'en profiter, mais avec le collectivisme pas du tout, on vous donnera seulement une médaille en récompense comme aux enfants des écoles. — Alors, à quoi bon travailler, se donner de la peine ; aussi bon partager la maison si primitive des bergers corses ou bien coucher sous la tente des Arabes nomades et « dormir la tête sur une pierre à la candeur des nuits argentées. »

(1) Nous recommandons tout particulièrement la lecture de ce livre de Richter, *Où mène le socialisme*. Paris, librairie H. Le Soudier, 174, boulevard Saint-Germain.

Le collectivisme, c'est le régime du farniente, c'est la prime à la fainéantise ; au bout, c'est la famine, la hideuse famine.

La seule exclamation que l'on puisse pousser à l'exposition complète et résumée de leurs doctrines, en comparant les conséquences forcées de leurs théories, avec l'état actuel des sociétés modernes, avec l'aspect des grands boulevards en temps ordinaire, et des Champs-Elysées un jour de grand prix, est que :

Ces gens là sont fous !!

Nous avons développé assez clairement, je le pense, le système collectiviste, il s'agit d'y répondre.

L'absurdité de leurs idées saute aux yeux : mais enfin il y a peut-être un certain trompe l'œil et, puisque des hommes à qui l'on ne peut renier toute intelligence s'y sont laissés prendre ; puisque de beaux parleurs, passant pour de grands dialecticiens acceptent ces idées pour des vérités démontrées et essaient de les répandre ; il ne suffit pas de les proclamer absurdes, il faut démontrer plus amplement qu'elles le sont.

Les questions qui se posent sont celles-ci :

1° Les aspirations humaines sont-elles en faveur du collectivisme ?

2° L'évolution de la propriété est-elle dans ce sens ?

3° La production serait-elle supérieure comme ils le prétendent ?

Tout d'abord, quoique nos socialistes déclarent que les transformations sociales ne doivent pas être d'ordre sentimental (où prennent-ils que le sentiment ne doit-être pour rien dans l'évolution des peuples).

Il s'agirait de savoir si les aspirations humaines se dirigent plutôt vers la propriété collective que vers l'individuelle.

Or, les socialistes constatent avec Vandervelde, que le nombre des petits propriétaires et des petits commerçants augmente de jour en jour.

« Si vous reprenez les statistiques vous constaterez que leur nombre *augmente d'année en année*, que le petit détaillant, produit de la division du travail, pullule de plus en plus ; que dans les grandes villes surtout, l'armée des boutiquiers devient innombrable. » (1).

Si les petits commerçants, les petits propriétaires pullulent de plus en plus, c'est donc qu'il y a une loi sociologique qui préside à cette évolution ; c'est qu'il y a chez eux un désir d'indépendance, d'individualité qui les y pousse.

Nous avons vu dans les temps passés et dans les sociétés modernes des gens pratiquer le communisme, ces croyants avaient cependant des raisons autrement puissantes que les incroyants de l'avenir à vivre en commun. Malgré cela, les hommes qui se sont réfugiés dans ces collectivités,

(1) *Socialisme et Collectivisme.*

n'ont jamais été qu'une infime minorité, et l'on ne pourrait soutenir, que sauf quelques exceptions, ç'eut été l'élite de la société, les intelligents, les forts.

De plus, il y en a beaucoup qui y furent conduits dans l'espérance de conquérir le paradis dans l'autre monde, ce à quoi n'aspireront pas les socialistes. La grande majorité y est allé parce qu'ils *étaient des vaincus*, des êtres qui renonçaient à toute indépendance, à tout esprit de liberté, dans l'espoir d'avoir l'assurance du pain quotidien. Sont-ce ces derniers qui doivent être l'idéal de l'avenir.

Il peut y avoir des mécontents qui, constatant leur pauvreté, tandis qu'ils voient autour d'eux d'autres hommes possédant d'énormes richesses, ne désirent qu'une chose, c'est de tout chambarder, ils ne voient, en effet, dans le chanbardement général, qu'un moyen plus expéditif, d'acquérir ce qu'ils n'ont pas ; ils ne sont donc nullement épris d'idéal de vérité et ne voient qu'une chose, posséder à leur tour ce qui est dans la main du voisin ; ils rentrent malgré leur superficielle apparence, dans la catégorie de ceux qui veulent posséder ou qui possèdent. Si les chefs socialistes, se basant sur cette idée, que ces mécontents et déshérités sont les plus nombreux et deviendront les plus forts, ils jouent un vilain jeu, car ils nous amèneront évidemment le chaos, sans pouvoir le lendemain nous rétablir ce qu'ils proclament l'ordre. Les maîtres du lendemain ayant purement et simplement remplacé les propriétaires de la veille, il n'y aurait qu'une révolution de plus, du sang humain répandu et encore un siècle de perdu.

Nous venons de constater que dans les cités, l'amour immodéré, peut-être, de son indépendance, fait que le petit détaillant pullule de plus en plus, que l'armée des boutiquiers devient innombrable.

Voyons maintenant quelle est l'aspiration du paysan cultivateur.

« Si l'on étudie les statistiques agricoles des différents pays on remarque que contrairement à ce qui s'est passé en Angleterre, la petite exploitation loin de disparaître, a plutôt une légère *tendance à se développer :* mais ce ne sont là que des chiffres de statistiques qu'il nous faut maintenant interpréter.

« Aussi, souffre-t-il plus qu'il ne profite de toute élévation du prix du blé ; ne vendant pas les produits de sa terre il ne subit pas la concurrence et reste en dehors des tendances centralistes modernes ; *s'il tient tant à sa propriété, c'est qu'elle lui assure un minimum d'indépendance sociale ; aussi n'est-il pas de sacrifice qu'il ne fasse pour la garder ;* c'est ce qui explique que le prix des petites propriétés est relativement plus élevé que celui des grandes.

« Aussi dans la crise actuelle sont-ce les exploitations qui emploient des salariés qui sont les les plus atteintes, alors que celles où la famille peut à elle seule suffire à l'ouvrage résistent mieux et semblent prospérer ; et cette moyenne exploitation de 5 à 20 hectares dont la prospérité fait la joie du conservateur se développe sensiblement.

« Plus la concurrence de la grande exploitation écrase le paysan, plus il s'acharne à l'ouvrage, plus il travaille dur et longtemps.....

... Mais le *fanatisme de la propriété*, la crainte de devenir, par l'abandon de sa terre un prolétaire..... (1) »

Croyez-vous que ces théoriciens tiennent compte de ce « fanatisme de la propriété » pas du tout.

Comment pourraient-ils faire admettre, puisque la grande majorité des hommes recherchent leur indépendance et leur liberté d'action en augmentant dans les grandes villes « l'armée des boutiquiers qui devient innombrable » et à la campagne « la tendance actuelle au morcellement et à la pulvérisation agricole » qui fait que le paysan « tient tant à sa propriété puisqu'elle lui assure un minimum d'indépendance sociale, et qu'il n'est pas de sacrifice qu'il ne fasse pour la garder. »

Que ces mêmes hommes accepteraient, quand on leur crie l'horreur des « bagnes industriels » de croire que ces mêmes bagnes seraient l'idéal sous le régime collectiviste ou communiste. Et quand on constate la prospérité des moyennes exploitations agricoles de 5 à 20 hectares, et

(1) Karl Kautsky, — *Analyse de Marcel Landrieu*.

l'amour du paysan pour son petit bien, il est fou de prétendre que l'avenir de l'agriculture est la grande industrie agricole qui transformerait les paysans de petits propriétaires qu'ils sont en « ouvriers sociaux » travaillant dans des bagnes agricoles qui de « capitalistes qu'ils seront » deviendraient alors collectivistes ou communistes.

Loin de s'apercevoir qu'ils font fausse route, nos bons socialistes cherchent des arguments tirés par les cheveux, prennent des chemins détournés, hypnotisés qu'ils sont de vouloir démontrer la possibilité de leurs billevesées.

Ainsi : « Certains socialistes ont voulu voir dans l'endettement du paysan, l'élément révolutionnaire de l'agriculture. »

Où est-il donc cet endettement du paysan ? dans nos campagnes admirablement bien cultivées de la vallée de la Loire, où l'on voit s'élever dans chaque canton de superbes *Caisses d'épargnes* « faites *pour drainer* cet or que les cultivateurs feraient bien mieux d'employer à l'amélioration de leur bien-être, plutôt que de le faire servir à solder des *fonctionnaires publics, parasites sociaux* ».

Je ne le vois pas trop.

Et il y a là un tel amour, un tel besoin que ces pauvres socialistes n'y comprenant rien, emballés qu'ils sont par leur idée fixe, traitent les paysans de rustres et se moquent de ce qu'ils appellent : « fanatisme de la propriété ».

Pauvres cerveaux sans intelligence, tandis que

les campagnards observateurs apprennent à tirer des conséquences des faits qu'ils observent, ce qui tend à leur donner l'esprit scientifique, le citadin superficiel n'essaie pas d'approfondir et répète un peu tout, comme un perroquet, sans comprendre.

Les pauvres ! ils ne peuvent comprendre que « ce fanatisme de la propriété » est *un besoin*, car tous ces théoriciens, littérateurs plus ou moins habiles, n'ont aucunement l'esprit d'observation, ils ont édifié leurs théories dans les mansardes d'une capitale dont ils n'ont jamais dépassé les fortifications, et ils n'ont aucune conscience de ce qui les nourrit et de ce que sont les produits de la nature.

Pour la grande majorité d'entre eux, la terre arable *est tout*, l'homme, son intelligence, son initiative, son ordre, n'est rien ou presque rien. On sème à la semeuse, on fauche à la faucheuse, on draine, on laboure à la « défonçeuse à vapeur » et la terre cette planète de l'immensité, fait sortir de ses entrailles des merveilles, qui doivent être à tous également, puisque cette planète personne n'y a droit particulièrement.

Malheureusement il n'en est pas tout à fait ainsi. Le cultivateur aime sa terre, et il a raison de l'aimer, il l'a soigne comme sa maîtresse ; or elle est souvent maussade et rebelle, pour l'embellir il faut qu'il ait vis-à-vis d'elle toute les précautions ; de là sa jalousie, de là son amour.

Nos socialistes font donc une phénoménale pétition de principe. Ils disent : le système social actuel est profondément inique — il en a toujours été ainsi, et il ne sera certainement jamais parfait — il faut le transformer de fond au comble : comme moyen, la Révolution, comme remède, le régime collectiviste-communiste ; et supposant leur révolution accomplie, ils dépeignent les beautés de leur système, n'oublient qu'une chose, c'est d'en montrer les défectuosités et de s'informer si l'aspiration des hommes est avec eux.

Que le système social actuel soit parfait, nous sommes loin de le prétendre. S'il était parfait, nous n'aurions pas ces agitations révolutionnaires; mais que l'ensemble des citoyens, que la très grande majorité veuille le transformer de fond en comble, c'est ce que nous nions; il nous a été facile de le démontrer.

Qu'il soit de l'intérêt supérieur de la société à ce que le régime de la propriété individuelle soit supprimé, nous prouvons le contraire.

Quant aux décors, aux belles périodes oratoires ou épistolaires, aux brochures socialistes et capitalistes, ce ne sont pas des arguments.

A ce sujet, citons cette page de Jules Lemaître :

6 mars 1901.

« Nous repoussons, non pas le socialisme (le mot est souple, et il en est venu à signifier simplement, soit l'état d'esprit de ceux qui sont sincèrement soucieux de justice sociale, soit le système de législation qui assurerait aux travailleurs un peu plus de cette justice); mais nous repoussons le collectivisme, c'est-à-dire la « socialisation » et la mise en commun de toutes les richesses, capitaux, terres, mines, usines, instruments de travail, et tout le système politique et social qui en dériverait.

« Nous repoussons le collectivisme, parce qu'il s'appuie sur une idée fausse, sur un optimisme absurde, sur une méconnaissance totale de la nature humaine et des choses comme elles sont.

« Il ne serait réalisable que si tous les hommes étaient bons, courageux et désintéressés. Or, vous savez ce que sont la plupart des hommes : je n'insiste donc pas.

« Supposons-le, pourtant, réalisé. Ce serait la plus insupportable des tyrannies. Ce serait la panbureaucratie, le panfonctionnarisme, la médiocrité générale, la mort de l'initiative individuelle Un vaste bagne sous la surveillance, grassement rétribuée, des gardes-chiourme, inspecteurs et distributeurs du travail. Et, comme le gaspillage serait énorme, comme le prix de production serait exorbitant, comme, par suite, toute lutte serait impossible contre la concurrence du travail étranger, ce serait bien vite la ruine de l'industrie nationale.

« Nous repoussons encore le collectivisme, parce que les collectivistes nous sont trop connus.

On peut dire, en général, que, comme hommes, ils ne sont point ce qu'il y a de plus recommandable dans la nation. — Un très savant professeur et philosophe, — qui n'est point suspect de cléricalisme ni de timidité d'esprit, puisqu'il est l'auteur d'études, un peu offensantes, sur le système nerveux de Jésus-Christ et de Jeanne d'Arc, — disait dernièrement devant moi : « J'ai « cru au rêve du collectivisme, mais je m'en suis « dégoûté, parce que les collectivistes manquent « par trop de vertu. » Autrement dit, il y a parmi eux un peu trop de farceurs sinistres ou même de simples coquins. Je parle, bien entendu, des meneurs, et non point de la masse des ignorants qu'ils abusent et qu'ils exploitent. Ces meneurs-là n'accepteront point, dans la cité collective, la condition d'un ouvrier. Ils comptent bien qu'ils seraient « de l'administration » ; qu'ils jouiraient d'un traitement de faveur ; qu'ils surveilleraient l'énorme atelier, non gratuitement. Et, en attendant, ils vivent du collectivisme ; ils en tirent des ressources et une situation politique.

« Leurs affaires semblent en bon train. Ils ont le gouvernement pour eux. Ils sont déjà au gouvernement. De là, la plus violente surexcitation et un espoir fou dans le monde des ouvriers. Les grèves pullulent ; la grève générale est décidée, si le gouvernement n'a pas la puissance d'imposer aux patrons les conditions de la fédération de St-Etienne.

« Si l'on remonte à cinq années en arrière, on constate qu'il y a eu :

« Sous le ministère Méline, qui a duré plus de deux années, 858 grèves, soit une moyenne de 33 par mois ;

« Sous les ministères Brisson et Dupuy (une année en tout) 457 grèves, soit 38 par mois ;

« Sous le ministère Waldeck-Millerand, au bout de 19 mois, 1,362 grèves, soit 72 grèves par mois, et, remarquez-le, plus vastes et plus prolongées que celles des précédents ministères.

« Et quelles sortes de grèves ?

« Lorsque la grève est motivée par des ques-« tions de salaire ou de durée de la journée de « travail, on comprend que les ouvriers y aient « recours et que le gouvernement n'y puisse pas « grand'chose.

« Mais, depuis quelque mois, ils s'agit de grèves « provoquées surtout dans un intérêt politique. A « Châlon, un ouvrier n'a pas hésité à déclarer « que le chômage volontaire n'avait pas pour « objet une amélioration des conditions du travail, « mais bien d'activer la révolution sociale, celle-ci « devant remettre, à l'en croire, chaque chose en « sa vraie place.

« Un tel état d'esprit ne se produit pas brusque-« ment et sans motif. Il faut que l'ouvrier y soit « amené par une série de prédications, et que, « d'autre part, il ait le sentiment qu'il n'a rien à « craindre du pouvoir.

« Cette prédication, le ministère actuel l'encou-
« rage, et ceux qui s'y livrent sont publiquement
« revendiqués par lui comme ses amis. Sans eux,
« d'ailleurs, tout le monde sait bien qu'il ne
« pourrait pas vivre. La nécessité l'enchaîne à
« eux autant que la sympathie. » (Jules Dou-
« MERGUE. »

« Voilà où nous en sommes. Des ennemis déclarés de la propriété individuelle — de cette propriété que tout le Code civil tend à garantir — ont été les candidats officiels du gouvernement qui est le dépositaire et le gardien de ce Code. Cela ne s'était pas encore vu. Et l'on n'avait pas encore vu non plus le gouvernement incapable d'assurer la liberté du travail à des gens qui paient l'impôt pour qu'on leur garantisse, entre autres, cette liberté-là, rompre ainsi, vis-à-vis de tout un groupe de citoyens, le pacte qui le lie aux contribuables français.

« Bref, ce qui se prépare et ce qui est déjà commencé, notamment à Marseille, c'est l'anéantissement de l'industrie et du commerce français. Or, quand notre commerce et notre industrie seront morts, je me demande de quoi vivront nos ouvriers. J'ai peur que les mines, les usines métallurgiques, les chemins de fer et les raffineries socialisés, — et dirigés par quels polichinelles ! — ne leur réservent bien des mécomptes.

« Industriels, commerçants, petits propriétaires ruraux, ouvriers qui voulez travailler et vivre, pour vous tous le collectivisme est l'ennemi. Le collectivisme serait le retour en arrière, la réaction, le recul vers un état social inférieur à l'état actuel, si imparfait et même si pitoyable qu'il soit encore, — et, finalement, la ruine de la France.

Dans une discussion récente à ce sujet — (telle qu'il vous est facile d'en avoir, cher lecteur, à la ville comme à la campagne) — une dame, la maîtresse d'un jeune homme très distingué, attaché à une fonction enviable d'un de nos ministères les plus en vue, s'écriait en prenant parti dans la discussion : « Moi, je ne demande pas grand chose, je désirerais seulement être propriétaire du petit appartement que j'habite, ce serait je crois de toute justice, et je ne serais pas gourmande ».

A quoi un jeune et très brillant sous-préfet lui répondait : « Mais chère madame, cette manifestation de votre désir vient justement légitimer la propriété individuelle ». En effet en régime collectiviste ou communiste, personne ne serait propriétaire, vous ne pourriez pas même être concessionnaire — (à vie, en supposant que vous le désiriez) — de votre appartement, car avec votre ami, vous avez présentement deux coquets appartements richement meublés, comprenant six belles chambres, deux cuisines, deux cabinets de toilette, deux water-closets, le tout du dernier confort avec eau, gaz, électricité. Or, si vous voulez vous donner la peine de jeter un coup d'œil sur la brochure citée plus haut : « Où mène le socialisme » vous verrez que celui-ci ne vous donnerait nullement satisfaction.

Mais vous avez oublié dans vos manifestations sociales, l'Italienne qui vous sert de bonne : cette jeune dame qui ne manque pas d'une certaine beauté, ni d'intelligence, comme tout bon Italien est anarchiste ; peut-être surenchérit-elle sur sa patronne, probablement aussi, est-elle née dans cette Lombardie d'une de ces familles paysannes où grouillent douze à quatorze enfants et qui n'ayant pas sur place de quoi *manger* n'aspirent qu'à une chose, c'est de s'expatrier.

Or, cette Italienne a raison — (elle qui a trois ou quatre enfants déjà) — vous êtes beaucoup trop riche en comparaison et si vous n'êtes pas satisfaite de la part que vous décrit Richter, cette femme le trouverait équitable *momentanément*.

Mais cette Italienne de Paris, bien nourrie et bien payée, ayant son homme dans les mêmes conditions, élève soigneusement sa progéniture et lentement, bien lentement c'est vrai, économise, et rien ne l'empêchera quand la stimulation l'aura poussée suffisamment au travail assidu et à l'épargne de s'offrir une petite maison beaucoup plus confortable que votre appartement entourée d'un petit jardin, en plein air oxygéné, dans la banlieue parisienne, desservie par les métropolitains et les tramways électriques.

Le travail assidu, l'économie domestique et

l'épargne est en effet la solution la plus simple d'arriver à votre désir. Car, si nous avions continué la comparaison, nous aurions vu que cette italienne prolétarienne anarchiste de Paris — (qui a tort d'être anarchiste pour la même raison) — n'est qu'une *bourgeoise repue* à côté de ses frères et sœurs restés en Lombardie, en Napolitaine et en Sicile, ainsi qu'un florentin me le contait dernièrement aux environs de Pise : « Ces Italiens, disait-il, se marient fort jeunes, la femme à 17, 18 ans, l'homme à 19, 20 ; ils n'ont pas le soir de leur mariage un sou vaillant, la chemise que la femme porte sur le dos, lui a été donnée par la dame qui l'employait à Florence, à raison de 8 à 12 francs par mois ; ils n'ont pas même à eux, un grabat pour se coucher — il est vrai qu'ils pourront faire comme l'Arabe de Onésime Reclus (1).

Dans un ou deux ans, ils auront déjà des enfants criant famine, et *il en sera ainsi malgré toutes les Révolutions* des collectivistes et des anarchistes, jusqu'à ce qu'ils aient évolué jusqu'au niveau de l'état social des parisiens actuels.

En effet, une révolution collectiviste ou anarchiste à Paris, ne serait qu'un recul immense pour ses habitants, sans profit aucun pour ces Lombards et ces Napolitains sans le sou et sans logis qui en masse, prendraient immédiatement le train — (gratuit en régime collectiviste ou communiste) — et renouvelant le tonneau des Danaïdes dégorgeraient

(1) Voir plus loin à notre chapitre *Colonisation*.

sans cesse leurs territoires à population très prolifique sur Paris infécond.

Et Paris deviendrait une nouvelle Sicile ! car au nom de quels principes, nos internationalistes — (les sans patrie, comme le professeur Hervé) — viendraient-ils leur refuser l'hospitalité.

Ne continuons pas ce tableau. Si nous allions chercher ces 250 millions de faméliques Hindous, se nourrissant, tous les jours de leur sainte année, de riz cuit à l'eau ; ces australiens, cités au chapitre II et ces indigènes des bords de l'Ogooué, pauvre Paris que deviendrais-tu ?

Pourquoi, alors, avec un sentiment de bien plus grande générosité, ne pas cesser aussitôt *d'asservir* brutalement nos frères inférieurs qui ne manquent ni d'intelligence, ni de conscience. Pourquoi ne pas renoncer à nous repaître de la chair sanglante de ces êtres qui ont *autant de droits que nous à la liberté, dans l'infini des mondes et des temps.*

Il n'y a donc aucun doute à ce sujet : à la ville comme à la campagne, le désir de chaque individu est d'acquérir l'indépendance ; de secouer toute tutelle et c'est pour cette raison que d'innombrables personnes quittent des emplois avantageux où ils sont en tutelle, dans le commerce, l'industrie, l'agriculture, le larbinage, pour s'installler petits boutiquiers, où leurs bénéfices seront bien moins grands.

Cette aspiration pousse évidemment vers l'individualisme et la propriété individuelle.

En second lieu : l'évolution de la propriété va-t-elle de la propriété individuelle au communisme ou au contraire de la propriété commune ou indivise à la propriété personnelle.

La réponse à cette question est merveilleusement faite par Proudhon. (1).

La troisième question est celle-ci : la production serait-elle supérieure ? Les marxistes y répondent affirmativement. Ils posent comme évident cette formule : « Il importerait assez peu, en effet, que nos principes de répartition soient plus équitables que les principes actuellement admis, si leur application devait amener un recul, ou même un arrêt, dans l'expansion des formes productives.....

« Toutes les considérations sentimentales que l'on peut invoquer en faveur du socialisme ne suffiraient pas..... si le collectivisme n'était pas destiné à l'emporter sur le régime capitaliste, à cause de sa production supérieure (2) ».

Nous ne voulons pas nier que la grande industrie capitaliste, ne soit pas dans *certaines conditions* et à *certains points de vue* plus productive que la petite, mais comme ils (les socialistes) le proclament, ce n'est pas l'idéal et ce n'est certainement pas l'avenir, puisque nous voyons comme nous

(1) Voir page 107 et plus loin à notre chapitre *Agriculture*.
(2) Vandervelde. — *Loc. cit.*

l'avons dit tout à l'heure, les hommes fuir dès qu'ils le peuvent *ces bagnes industriels.*

Mais puisque les hommes modernes ont horreur de l'exploitation et qu'ils fuient dès qu'ils le peuvent les bagnes industriels pour s'installer, petits boutiquiers, petits cultivateurs, petits maraîchers, il ne s'en suit pas que l'on doive transformer la propriété individuelle en propriété collective, au contraire; cela prouverait encore moins que ces centres d'exploitation, « ces bagnes capitalistes » doivent devenir des « *bagnes collectivistes.* »

La production serait supérieure, disent-ils.

C'est faux. Il est impossible que des hommes dont les heures de travail seront diminuées, travaillant 8 heures au lieu de 11, produiront davantage; bien mieux, comme ils n'auront pas de maîtres pouvant les congédier, quand ils voudront flâner ils flâneront, et comme les surveillants (contre-maîtres) seront élus par les ouvriers, ils n'auront aucun pouvoir sur ceux-ci; ce sera certainement à qui flânera le plus.

Quel avantage auraient certains à montrer du zèle, ils ne seraient pas plus riches au bout de l'année, et l'on n'oserait pas leur distribuer des croix comme aux enfants des écoles; leur donnerait-on un avantage quelconque sur les autres, mais immédiatement l'inégalité de notre système social actuel se reproduirait.

D'ailleurs, il est absolument faux de dire que la

grande propriété est plus productive que la petite, c'est juste le contraire qui existe ; un agriculteur soignera d'autant mieux son lopin de terre *qu'il est à lui* et qu'il est proportionné à ses forces ou à celles de toute la famille réunie. C'est ce que constate Kropotkine lui-même, en parlant des cultivateurs de Jersey et des maraîchers des environs de Paris, qui font produire à la terre le maximum de ce qu'elle peut produire.

Donc la production diminuerait considérablement non seulement du fait des heures de travail diminuées, mais surtout de ce que la *stimulation à qui en fera le plus pour gagner davantage*, dans la société actuelle, serait remplacée par le principe forcé du bagne collectiviste, *à qui en fera le moins*.

Ne venez pas dire, mais il y a des hommes désintéressés : (Vandervelde).

Oui, certainement il y a dans des milieux où l'on pratique le communisme à l'heure présente, des gens très désintéressés et nous pourrions prendre comme exemple, à droite et à gauche quelques personnalités.

Cela me rappelle ma grande tante Françoise Hémon, que j'ai citée en tête de ce livre, qui mourut présidente de cette petite République, le couvent des incurables de Baugé.

Mais je n'oublierai jamais ce qu'elle me dit une des dernières fois que je la vis. « Si je n'avais pas cru à l'autre vie et à sa félicité éternelle, crois-tu que j'aurais donné ainsi 37 ans de mon existence ».

Ce qui veut dire que dans ce désintéressement splendide qui fait de certaines femmes des saintes, il y a la conquête d'une félicité éternelle.

Or, nos collectivistes-communistes sont des athées, et je ne vois pas qu'ils pourront promettre à ceux qui feront du zèle, le paradis dans l'autre monde.

Il y a bien aujourd'hui de grands cerveaux d·:intéressés quoique athées. Assez clairsemés, je crois qu'il y en a cependant quelques-uns. Je prendrai, par exemple, Louise Michel, mais j'ajouterai qu'il y a là une idée fixe, une morale personnelle, un exemple qu'une personne s'est jurée de remplir.

Ce sont de très rares exceptions.

Pour ma part qui travaille à des heures indues, je suis conduit par un tempérament qui aime à outrance la discussion et je suis obsédé par cette idée de vouloir prouver qu'il est possible de construire un édifice social bien supérieur à l'actuel sans révolution sociale. *Je ne suis donc pas libre de faire autrement.*

Mais dans le régime collectiviste ou communiste, comme d'après les théoriciens, le but sera acquis, l'oasis tant recherché, atteint, l'âge d'or revenu sur la terre, il n'y aura aucune raison de faire du zèle ou de se masturber l'esprit pour chercher un état social meilleur.

De toute évidence, si jamais le collectivisme s'implantait, ce que nous ne croyons pas, la société entrerait aussitôt en regression.

Cette société marche cependant de progrès en progrès et nous applaudissons à la formule de Frédéric Bastiat : « *Je crois que l'invincible tendance sociale est une approximation constante des hommes vers un commun niveau physique, intellectuel et moral, en même temps qu'une élévation progressive et indéfinie de ce niveau* ».

Il est donc de toute évidence qu'en régime collectiviste, la production industrielle serait absolument nulle.

Nous venons de jeter un coup d'œil d'ensemble sur les aspirations du collectivisme et du communisme.

Que veulent-ils dans un pays comme la France ?

Transformer un système social qui est conforme à la loi d'évolution, c'est-à-dire où chacun luttant pour l'existence est stimulé, produit et travaille le plus possible, dans son intérêt propre et en même temps pour la plus grande richesse et pour l'amélioration de l'humanité. (car les mieux doués les plus aptes, ont plus de chance de croître et de résister) — en un système où la stimulation, la lutte pour l'existence serait abolie, où les journées de travail seraient diminuées de plus en plus, où l'idéal serait de travailler et par conséquent de produire le moins possible, le flaneur y étant tout aussi riche au bout de l'année que le travailleur économe, puisque l'économie qui produit le capital n'existerait plus, n'aurait aucune valeur ; c'est-à-dire une société où l'humanité, entrerait en régression.

Dans le premier cas, production à outrance, excès de production *à qui en fera le plus*, ce qui, *au fond, n'est que richesse* puisqu'il permet à *toute personne qui travaille de s'offrir le nécessaire et d'atteindre souvent le luxe*(progrès).

Dans le deuxième cas, réduction à outrance de la production, la formule étant *à qui en ferait le moins*, résultat: disette, famine, retour vers le passé (régression).

Il est inutile de dire pour quel système nous sommes.

CHAPITRE V

Propriété

Propriété

Proudhon, constatant certaines iniquités, certains abus de la propriété individuelle, s'était écrié : « La propriété, c'est le vol ! » — Il pensait peut-être à cette comtesse de Stafford, en Angleterre, citée par Stuart Mill, qui put expulser d'un seul coup, *quinze mille fermiers de ses terres*.

Il aurait pu songer à certains propriétaires parisiens, comme j'en connais, véritables bandits qui ne peuvent avoir de locataires, sans leur susciter tous les ennuis, tous les procès possibles. Arrivés à Paris sans un sou, ils ne sont arrivés à une fortune de plusieurs millions qu'a force d'intrigues et d'opérations malpropres.

Vis à vis de pareilles gens, il n'y aurait qu'un remède, la loi du lynch. Malheureusement dans ces immenses cités modernes, où personne ne se connaît, l'exploitation inconsidérée de l'homme par l'homme n'a rien d'extraordinaire. Ces vastes agglomérations, nous les voyons déjà sous certaines influences sociales entrer en régression ; c'est ainsi qu'y croissent des bandes d'« Apaches » et des Lecca, des Manda, des Casque-d'Or, sont chantés par des journaux et journalistes décadents, glorifiés par des peintres, en quête de popularité

Ces monstruosités ne pourraient avoir lieu dans une société telle que nous la défendons. Ce n'est pas dans nos campagnes, dans nos centres de colonisation, tels que nous les décrirons plus loin que nous verrions pareils forfaits.

Mais de ce que la propriété individuelle est parfois inique ; de ce que la société, à certains points de vue est atroce, doit-on pour cela, la bouleverser dans son ensemble ?

Ayant pesé tous ces arguments, Proudhon, en vint à dire : La propriété individuelle, telle qu'elle est pratiquée en France, fit de celle-ci une démocratie ; tandis que sa forme particulièrement inique en Angleterre, fit de ce pays, une royauté aristocratique et bourgeoise.

Il ajoutait : « La propriété, est la plus grande force révolutionnaire qui existe et qui se puisse opposer au pouvoir.

L'Italie fut belle, riche, populeuse et salubre tant qu'elle fut cultivée par ses propriétaires ; elle devint déserte, pestilentielle quand le maître alla consommer à Rome ses immenses revenus. Et les mœurs tombèrent avec la culture ; mais la loi est ainsi faite, elle le permet. Voilà un des grands abus de la propriété. Eh bien, prenons-là, avec ses abus, et laissons là divisée, morcelée, la division poussée aussi loin que le voudra le propriétaire; mais il faut que la propriété circule avec l'homme comme une marchandise, comme une monnaie. Aussitôt tout changera par la vertu magique de ce seul mot : la propriété. *C'est ainsi que notre espèce s'est élevée de l'indivision terrienne à la haute civilisation de la propriété. On ne peut rebrousser chemin.*

La propriété et le propriétaire doivent être absolument libres ; c'est pourquoi le citoyen en tant qu'il travaille, produit, possède, n'est pas un fonctionnaire de l'état ; « *il ne dépend de personne, fait ce qu'il veut, dispose de tout selon qu'il lui plaira. Et c'est dans le pays ou règne cette autonomie individuelle, cet absolutisme propriétaire, qu'il y a le plus de richesses et de vertus* ».

Plus près de nous, notre grand philosophe, Alfred Fouillée, étudiant la propriété (1) dit : « Une théorie vraiment scientifique de la propriété devrait être aussi peu sectaire et aussi large qu'il est possible, égale en ses éléments aux éléments essentiels de la réalité même, capable comme la réalité de se compliquer indéfiniment dans ses conséquences sans se contredire et sans se détruire, capable aussi de concilier entre elles, dans leurs vérités relatives, les diverses doctrines soutenues jusqu'à ce jour ».

(1) *La propriété sociale et la démocratie*, Paris, Hachette, 1884.

« En France surtout, la démocratie ne pourra vivre qu'à la condition de n'être ni socialiste, ni purement individualiste comme la République Américaine, mais de maintenir et d'accroître en face de la propriété individuelle, toutes les formes légitimes de la propriété sociale. »

« Au lieu de tendre à se dessaisir de tout ce qu'il possède ou peut posséder, les principes de la science économique autorisent l'Etat, en face de la propriété privée *et toujours sacrée*, à former une propriété collective, à l'accroître, à l'employer au profit du plus grand nombre. *L'Etat pourra ainsi substituer de plus en plus aux impôts*, qui pèsent surtout sur les masses, des ressources qui lui soient volontairement prêtées, ou plutôt qui soient le revenu naturel de la propriété publique. »

Et M. Alfred Fouillée conclut : « Ainsi c'est le libéralisme bien entendu qui fournit la solution la plus philosophique du problème, car il laisse leur juste part et leur libre essor à ces trois formes de propriété également légitimes : les propriétés individuelles isolées, les propriétés individuelles associées, enfin la propriété publique et sociale. On pourrait résumer le libéralisme économique dans cette formule : — Les individus libres propriétaires dans l'état libre propriétaire. »

Nous ajouterons cette variante : — L'individu et les collectivités propriétaires, dans la commune et dans l'état propriétaires.

Nous allons mettre aussitôt cette formule à l'épreuve :

Dans le numéro de la *Petite République* du 1er mars 1902, M. Jaurès, analysant un article de M. Jules Doumergue, de la « Réforme économique » triomphe ou plutôt CROIT triompher dans son collectivisme ou dans son communisme en soulignant le passage suivant « Le gouvernement allemand à le sens et le souci de l'intérêt national. Il sait que la question de la houille, comme celle des transports, est vitale pour l'industrie. Et après avoir nationalisé les chemins de fer, il va nationaliser les mines. Il pourra ainsi, tout en assurant aux ouvriers allemands des conditions de travail favorables, aider au développement de l'industrie. »

Et il ajoute : « Oui c'est admirable. Et voilà les conservateurs qui reconnaissent maintenant qu'il y a intérêt non seulement pour les ouvriers, mais pour la production nationale, à transformer en services publics les services capitalistes. »

« M. Doumergue, serait-il brusquement devenu collectiviste ? »

Mais non ! et Jaurès s'étonne de voir ensuite une charge à fond de train contre les socialistes. Il s'étonne de voir Doumergue critiquer le parlement français qui a voté une limitation des heures de travail dans les mines, aggravant encore ainsi les conditions de notre industrie.

Voyons, *assez de fumisterie,* laissons ces jeux

de mots à certains ambitieux (1) qui veulent abuser de la crédulité humaine, pour arriver au pouvoir et qui acclament le collectivisme en pratiquant les restrictions mentales suivant la méthode chère aux jésuites (2).

Le collectivisme est tout autre qu'une nationalisation des mines et des chemins de fer ; c'est la suppression de la propriété individuelle, comme nous l'avons vu plus haut ; c'est le retour à un ordre social inférieur qui, s'il arrivait à s'établir, du fait de l'ignorance humaine ou du pouvoir central usurpé par surprise ou par violence nous amènerait à un état de régression.

Au lieu de nationaliser les mines, il serait peut-être beaucoup plus logique et surtout moins ennuyeux pour la société, de demander que celles-ci deviennent un jour la propriété collective des mineurs, sans qu'aucune individualité prise en

(1) Il est intéressant de lire un article très spirituel de M. Léon Daudet, paru dans la *Libre Parole* du 16 mars 1902, en voici un passage : « Le baron Millerand qui se pique de littérature depuis qu'on a publié sur son grand ministère un volume à trois francs cinquante, hocha, sur un cou gonflé de viandes récentes, une tête où tiennent tous les projets du régime et toutes les farces des dupeurs du peuple. Mais gêné par un hoquet il ne parla point. »

(2) Il est agréable de se retrouver en bonne société. Dans le numéro du *Bloc* du 8 mars 1902, Clémenceau dit : « En tout cas pourquoi s'embarrasser de la socialisation des instruments de travail et de la lutte des classes si c'est pour les jeter au panier en s'installant au ministère ? A quoi bon *quitter tapageusement* les radicaux socialistes en clamant qu'on a sur eux l'avantage de résoudre la question sociale, si c'est pour *se faufiler modestement* parmi eux après s'être fait attribuer à titre de *révolutionnaire assagi* la palme du ministère.

particulier n'y ait un droit personnel de propriété ; c'est-à-dire, qu'une mine, qui ne peut-être exploitée que par une collectivité soit la propriété impersonnelle et inaliénable de ceux qui y travaillent ou y travailleront plus tard ; s'y gérant, s'y administrant, s'y couchant le ventre au soleil ou à l'ombre, y travaillant deux, quatre, huit, douze ou quinze heures, la nuit, le jour, comme bon leur semblera, sans que l'état n'ait rien à y voir, si ce n'est pour l'inspection au point de vue de la sûreté générale et de l'hygiène.

En un mot : donnez-leur la mine, et qu'ils nous fichent la paix avec leur grève générale (3).

Nous pourrions concevoir aussi : une mine, propriété collective ; ce qui n'empêcherait pas une autre d'être administrée directement par l'état ;

(3) A ce sujet, nous nous souvenons d'un article paru dans le *Matin*, et signée de M. Harduin : Il y a peut-être une idée dans la lettre suivante signée Gueugnier. « Ancien ouvrier soixante quatorze ans. — J'ai vu bien des crises, et toujours les organisateurs de grèves sont restés des agitateurs. Pourquoi au lieu *d'organiser la désorganisation* n'ont ils pas dit aux mineurs : « Vous êtes 190.000 (150.000 travailleurs bien valides), mettez dans une caisse commune un sou par jour soit 7.500 francs, trois cents jours de travail donneront 2.250.000 francs. » En cinq ans ou en dix ans les mineurs seraient en état d'organiser une exploitation qui deviendrait d'autant plus prospère que chaque ouvrier et employé travaillerait pour lui et pour ses frères. Voyez à quoi on arriverait en continuant et en accumulant les bénéfices des exploitations. — Le sort des mineurs ne serait-il pas amélioré sérieusement *cela sans révolution, sans spoliation*. — Le fait est que ce procédé serait peut-être le meilleur pour réaliser cette idée considérée actuellement comme une utopie et qui s'appelle *la mine aux mineurs*. — Il ne présente que deux inconvénients : d'abord, il demande du temps, les ouvriers tra-

une troisième par une Compagnie, de cette façon, on verrait celle qui fonctionnerait le mieux.

Ainsi des chemins de fer.....

Quand bien même toutes les mines seraient propriétés collectives, et les chemins de fer propriété nationale, ce ne serait pas là le régime collectiviste communiste, cela ne supprimerait pas la propriété individuelle.

Vraiment, M. Jaurès que nous n'avons jamais entendu discourir; mais dont M. Leygues à la tribune française a chanté les louanges, nous surprend par sa naïveté; qu'il étudie le livre de M. Alfred Fouillée...

Cette pratique ne serait cependant pas autre chose que l'application des formules citées plus haut : l'individu et les collectivités propriétaires dans la commune et dans l'état propriétaires.

Dans notre chapitre : la suppression des impôts, nous verrons quel avantage il y aurait à ce que les communes et l'état soient propriétaires.

vailleraient ainsi bien plus pour leurs enfants et petits enfants que pour eux-mêmes; ensuite, et cela est l'objection grave, le jour où les mineurs seraient décidés à renoncer aux grèves, de façon à devenir plus vite capitalistes, les fauteurs de grèves se verraient enlever le pain de la bouche. Pour cette raison, jamais ils ne laisseront les ouvriers s'engager dans la voie indiquée plus haut.

(4 Novembre 1901, *Matin*).

CHAPITRE VI

Capital

Capital [1]

Nous ne dirons que quelques mots à ce sujet. pour discuter cette question à fond, il nous faudrait analyser l'ouvrage de Karl Marx, en montrer les contradictions ; il nous faudrait aller aux « États-Unis », étudier sur place, les effets de ces capitaux considérables accumulés et comme monopolisés par un certain nombre de milliardaires, discuter, comparer et conclure.

Nous n'en avons pas le temps, cela nous entraînerait trop loin.

Dernièrement, un milliardaire américain, M. Carnegie, interviewé par le « *Matin* », émettait une opinion assez curieuse, assez bien présentée sur le capital.

(*Matin*, 2 mars 1902).

« Après le président Roosevelt, l'homme dont on parle le plus en ce moment aux États-Unis est peut-être M. Andrew Carnegie, le grand créateur de l'industrie du fer en Amérique.

« M. Carnegie s'est retiré des affaires, il y a un

(1) Nous savons que les socialistes veulent la suppression du capital, de l'infâme capital.

an, pour consacrer la fin de sa vie à dépenser ses millions, de même qu'il en a consacré le début à les gagner, et, depuis une année, il a étonné l'Amérique elle-même par la munificence et par l'intelligence de ses dons.

« Par son art à dépenser sa fortune pour le bien public, il est le type du millionnaire américain, de même que par son art à les gagner il a été le type de l'Américain fils de ses œuvres.

« Son père était tisserand en chambre, en Écosse, quand la construction des manufactures ruina les petits ateliers. L'enfant avait dix ans quand le père, revenant un soir de porter ses pièces au marchand pour qui il travaillait, annonça que c'était la dernière commande

« — Cette soirée fut la première leçon de ma vie, a dit depuis M. Carnegie.

« La famille émigra en Amérique. « Je me rappelle nettement, dit-il, que mon père et ma mère n'attendaient de ce changement que de grands sacrifices pour eux-mêmes, mais pensaient que cela vaudrait mieux pour leurs deux garçons. »

« A douze ans, il travaillait pour vingt sous par jour dans une filature, et il conte qu'aucun de ses millions ne lui a donné autant de joie que la première paye d'un dollar. On le chargea de chauffer une chaudière dans une cave, et la crainte de faire sauter la fabrique le tenait si nerveux que souvent il s'éveillait la nuit et se trouvait assis sur son lit en train de manier le manomètre. Mais il ne parla pas une fois de ses inquiétudes à ses parents : chacun dans la maison se faisait un point d'honneur de rendre la vie gaie aux autres.

« Un jour, en rappelant son enfance, M. Carnegie appelait la pauvreté « le plus précieux des héritages ». « Il semble y avoir aujourd'hui, disait-il, un désir universel d'abolir la pauvreté. Moi, j'abolirai volontiers le luxe ; mais détruire la pauvreté serait détruire le terreau fécondateur des vertus par lesquelles la race s'élève à une civilisation plus haute. »

« Il y a aux États-Uuis une *morale des milliardaires*. M. Carnegie en est le plus illustre théoricien. C'est le *milliardaire philosophe*. Il aime à parler aux jeunes gens dans les universités, les clubs ou les églises. C'est une de ses doctrines qu'il faut se retirer assez jeune des affaires pour passer la fin de sa vie à dépenser sa fortune comme on en a passé le début à la gagner : il croit que les millionnaires ont une mission providentielle et sont responsables devant Dieu et devant la société de leur surplus de fortune. Les artisans et les millionnaires lui semblent les facteurs du progrès de la civilisation, et il pense que c'est des rangs des artisans que les millionnaires sortent. « La prospérité d'une nation, dit-il, est proportionnelle au nombre de ses milliardaires. La Russie n'en a qu'un, le tsar ; l'Allemagne n'en a que deux ; la France une demi-douzaine ; l'Angleterre en a autant que le reste de l'Europe ;

l'Amérique en a plus que le reste du monde. »

« M. Carnegie distingue trois moyens, pour un millionnaire, de disposer de sa fortune. Le premier est de la léguer à ses enfants : « Supposez un limier qui rabatte tout le gibier dans un coin de parc, l'engraisse et dit à ses petits chiens : « J'ai passé une rude vie à chasser, voici de quoi vous gaver » ; n'importe quel père de famille hausserait les épaules de voir un limier changer ses petits en boules de graisse paresseuses. Mais le père de famille fait « juste ce qu'il reproche au limier ».

« Le second moyen de disposer de sa fortune est de la léguer par testament à des institutions publiques. Mais il n'y a ni générosité ni grâce à faire don de ce qu'on ne peut garder, et les procès qui suivent les testaments semblent indiquer qu'il y a une sorte de malédiction sur les dons posthumes.

« Le devoir du millionnaire est de veiller lui-même à la distribution de sa fortune comme il a veillé à son acquisition.

« C'est à la répartition de son immense fortune que M. Carnegie a voué les restes d'une vie encore jeune. La dernière de ses munificences est la création, à Washington, d'un institut unique au monde, qui servira de couronnement à tout le système universitaire des États-Unis, en facilitant à toutes les universités et à leurs professeurs les plus distingués les recherches scientifiques désintéressées. »

Nous ne nous attarderons point à discuter cette thèse. Nous croyons, non sans raison, que, sauf quelques très rares exceptions, l'intelligence, le talent, le labeur d'un homme, sont impuissants, en quelques vingt ou quarante ans, à faire du pauvre un milliardaire. Il faut plus que cela, il faut une *chance* tout à fait exceptionnelle ; il faut des circonstances qui se feront de plus en plus rares, telles que l'exploitation d'un nouveau monde et la découverte accidentelle, dans une concession de terres vierges, de mines d'or, de diamants ou de pétroles.

A part cela, les fortunes considérables modernes ne se sont guère produites que par l'exploitation immodérée d'autrui ; mais nous savons aussi que, dans les états démocratiques, cette exploitation tend de plus en plus à disparaître.

Nous ne pouvons qu'applaudir aux idées généreuses de M. Carnegie ; (bien qu'il ne soit probablement qu'une exception parmi les millionnaires ou milliardaires) — tandis que nous ne pourrions que protester et nous révolter, comme nous l'avons fait au sujet de la propriété, vis-à-vis de la comtesse de Stafford, si les capitaux ne servaient qu'à des *trusts*, dans le but de ruiner ou d'exploiter le reste du genre humain.

Nous ne pourrions que protester si nous voyions de jeunes « Rigo » se servir des millions d'une Clara quelconque pour exploiter *ouvriers ou cultivateurs*, ruiner le commerce d'autrui, dans le but égoïste d'augmenter leurs millions et de tendre vers le milliard ; nous pensons que, dans une société démocratique, il serait *immoral* de faire glorifier ceux-ci par les suffrages d'un certain nombre de leurs concitoyens.

Cependant, ce qu'il faut reconnaître, c'est que le capital, l'argent, « est un instrument de travail et de production. » Cela est facile à démontrer. Supposez qu'un avare possède un million et qu'il l'enfouisse dans sa cave : c'est comme si ce million n'existait pas. Introduisez au contraire ce million dans la circulation : il devient aussitôt une source de nouvelles richesses, partant de bien-être pour la masse. Il servira à créer une industrie, un commerce, se transformera en salaires, en aide aux producteurs. Tout le monde en profitera. Il enfantera à la longue de nouveaux millions, c'est-à-dire de nouveaux instruments de travail, et cela sans discontinuer.

« Je vais plus loin : même si ce million tombe entre les mains du fils prodigue, il sera encore une manne pour tous les humbles vivant de son luxe. »

C'est avec les capitaux que l'on perce les isthmes de Suez ou de Panama, que l'on creuse de nouvelles mines, que l'on dessèche des marais, que l'on fertilise des terres vierges mais malsaines, qui deviendront des Mitidja. Car, sans capitaux, sans salaires plus élevés, sans cet espoir de faire fortune — (c'est-à-dire de devenir capitaliste) — au nom de quels principes enverrait-on des hommes, mourir comme des mouches, à Suez, à Panama ; — contracter la malaria en desséchant des marais ou à fertiliser des contrées nouvelles.

Le capital est donc un outil nécessaire, et comme la propriété individuelle, nous sommes forcés de l'accepter avec toutes ses conséquences bonnes et mauvaises, avec son utilité et ses défauts. Mais nous devons souhaiter, qu'au lieu d'être l'apanage de quelques milliardaires ou millionnaires, il se répande, il se généralise de plus en plus ; c'est ce que nous constatons dans un pays comme la France, et, contrairement à M. Carnégie, nous pensons que c'est ce qui fait et fera la force et la richesse de celle-ci dans le présent et probablement aussi dans l'avenir.

Nous blâmons le capital et les capitalistes, quand ceux-ci s'en servent non pour féconder et produire, mais pour opprimer autrui ; nous le blâmons, quand il est produit par l'exploitation inconsidérée d'un certain nombre de salariés.

D'ailleurs, le capital, en tant que capital qui produit la rente, le bénéfice, tend à disparaître de plus en plus.

Proudhon combattait avec acharnement et trouvait inique le capital rapportant 12 %, mais trouvait légitime qu'il rapportât 2 %. Eh bien, d'une statistique dressée par M. Alfred Neymark, il résulte que le premier Empire, quand il empruntait de l'argent payait en moyenne 7 fr. 50 d'intérêt pour 100 francs ; la Restauration, 6 fr. 31 ; la Monarchie de Juillet, 4 fr. 74 ; la République de 1848, 6 fr. 64 ; le second Empire, 4 fr. 50.

Il n'est que de 3 fr. 50 pour les les emprunts postérieurs. Enfin, il descend à 3 % pour le dernier emprunt.

On voit le chemin parcouru.

Déjà le taux de 2 1/2 est en train de se substituer au 3 % actuel ; il est de 2 fr. 75 dans les Caisses d'épargnes ; nous voyons se réaliser. sans Révolution, ce que Proudhon trouvait légitime. Nous voyons en outre dans un pays comme la France le capital privilège d'oisifs disparaître de plus en plus et devenir l'arme et la propriété de tous ceux qui veulent travailler, économiser, en faisant preuve d'initiative privée.

Il est donc illogique et absurde, il est misérable et infâme, quand on est Français, de développer des idées qui exaspèrent le commerce et l'industrie, qui entravent l'initiative privée et qui tendent à ruiner non seulement le capital, mais tous les salariés qui en vivent.

CHAPITRE VII

Notre Programme

Notre Programme

Nous avons vu, au cours de cette étude, diverses formules sociologiques qui s'imposaient :

« Instaurer un milieu social qui assure à chaque individu toute la somme de bonheur adéquate, à toute époque, au développement progressif de l'humanité (1). »

« Vis-à-vis des lois naturelles, il n'est pour l'homme qu'une seule liberté possible : c'est de les reconnaître et de les appliquer toujours davantage, conformément au but d'émancipation ou d'humanisation collective ou individuelle qu'il poursuit (2). »

« Je crois que l'invincible tendance sociale est une approximation constante des hommes vers un commun niveau physique, intellectuel et moral, en même temps qu'une élévation progressive et indéfinie de ce niveau. » (Ceci est plutôt la constatation d'une loi sociologique qui s'exécute

(1) Sébastien Faure, *loc. cit.*

(2) Bakounine, *loc cit.*

naturellement sans que nous essayions même de la favoriser (1).)

Comment ferons-nous pour nous conformer à ces formules ?

A notre chapitre *Evolution et Révolution*, nous avons dit, avec Paul Bert et Reclus, que la Révolution était légitime pour renverser tout régime d'oppression.

Or, la « chose publique », l'administration du peuple par lui-même, si elle n'est pas idéale tout d'abord, et cela se comprend, ce peuple n'étant pas arrivé au degré d'instruction, d'éducation, de compréhension de ses droits et devoirs qu'il peut avoir dans la suite, est cependant conforme, et favorise la loi d'évolution.

Nous avons donc bien, *pour le moment*, le système social désiré, et si nous n'avons pas présentement l'idéal bonheur que nous pouvons espérer, c'est à nous de faire des efforts pour nous le procurer.

Si nous ne connaissons pas bien les « lois sociologiques », auxquelles nous devons librement nous conformer, c'est à nous de travailler dans le but de les comprendre, et de réclamer des écoles où on les étudie et les enseigne.

Nous ne nions donc pas la question sociale, au contraire, nous nous en occupons autant que tout autre ; mais, dans un régime évolutionnaire, nous répudions la révolution. Nous voulons con-

(1) Frédéric Bastiat, *loc. cit.*

naître et librement nous conformer aux lois sociologiques ; nous ne voulons pas d'un système qui nous conduirait à un état de régression, conséquence forcée d'une limitation égalitaire des heures de travail ; nous ne voulons pas d'une *autorité répartissant* l'égalité ou la proportionnalité des salaires et donnant « à chacun selon ses forces et à chacun selon ses besoins » comme dans la formule collectiviste, avec chacun son ange gardien ou plutôt son garde-chiourme qui accorderait proportionnellement le logis, le vêtement et la pitance. Au diable un système qui supprimerait, *peut-être*, d'une façon permanente, toute inégalité, c'est vrai, mais en même temps toute émulation et par conséquent tout progrès. Cependant, de jour en jour, nous voulons de plus en plus faire tout ce qui nous permettra de nous rapprocher peu à peu de l'idéal bonheur.

Il nous faut donc combattre et supprimer les iniquités, *instaurer* tout ce qui peut nous rapprocher de la vérité et de la justice.

Nous étions donc logique en combattant le *socialisme*, qui n'était que l'enseigne et l'étendard d'un parti, dont les théories étaient en contradiction avec les lois naturelles et nous menaient sûrement à la faillite.

Ce n'est pas que nous désirions le *statu quo*, mais nos réformes ne sont pas des révolutions.

Nous voulons des *économies considérables*, dans un budget qui *est monstrueux*, la suppression de tous ces postes inutiles, plus ou moins grassement rétribués, où l'on case les fils d'archevêques.

La suppression de cette aristocratie républicaine, aussi bien que de ces jeunes parvenus qui se croient des hommes nécessaires et nouveaux.

La circulation sinon gratuite, du moins à très bon marché, d'un point extrême du territoire à l'autre, des hommes qui se déplaçant facilement, amèneront — « sans autorité aucune » — la proportionnalité dans le bien-être et dans les salaires, chacun allant rechercher facilement au loin le bonheur qu'il ne trouve pas là où il est ; et des produits de son alimentation, mettant ainsi le consommateur en relation facile avec le producteur et lui permettant de bien vivre à bon compte, les intermédiaires inutiles disparaissant petit à petit pour devenir à leur tour producteurs et consommateurs en même temps.

L'extension d'une instruction pratique et mieux comprise ; nous entendons par là, que nous en avons assez des pédagogues puants, grands amateurs de rubans violets, dont la connaissance se résume à quelques « ponts aux ânes » théoriques.

L'instruction agricole, qui enseignera théoriquement et *pratiquement surtout* aux enfants des campagnes, ce que jusqu'ici on n'avait pas songé à lui apprendre, en même temps qu'elle lui suggérera l'idée de ne pas abandonner cette terre nourricière qui est la source de toute richesse et de toute vie.

La colonisation conçue dans un esprit nouveau, c'est-à-dire la création avec des fonds privés ou sociaux, de *centres de colonisation*, où sous la direction de quelques maîtres agricoles et colons on réapprendra aux « sans travail » qui voudront s'y rendre, la manière de cultiver et de faire produire au sol les aliments que l'asphalte des villes n'a pu, malgré la science, faire encore germer.

Pour mettre ce programme à exécution il nous faut choisir librement des hommes tels que nous allons les définir.

Il nous faut des élections gratuites, sinon gratuites, du moins réglées de telle façon que d'être délégué à l'administration de la « chose publique » ne soit pas l'apanage des seuls riches, et que quiconque veut se livrer à l'étude des sciences sociales, ne puisse pas aspirer impunément à représenter ses concitoyens.

Si malgré des élections gratuites et libres, les électeurs ne savent pas en profiter, s'ils délèguent encore des êtres tels que les a définis Leroy-Beaulieu « voir page 48 » c'est qu'ils ont encore besoin d'évoluer et les hommes sages et logiques, se diront avec sang-froid et sans révolte qu'ils ont encore besoin des bons conseils d'hommes instruits et éclairés.

Mais, avant tout, il nous faut une patrie. Car au milieu d'une Europe armée jusqu'aux dents, il nous faut pour mettre ce programme à exécution, marcher avec tranquillité et pour marcher avec tranquillité, il nous faut être forts, par conséquent une armée forte.

Une « administration » — (ce que nous appelons gouvernement) — ayant de l'initiative, consciente de ses devoirs, désintéressée, généreuse, aimée.

Pour appliquer ce programme, il nous faut des hommes de bien, sages, comme nous ne manquerons pas d'en trouver un grand nombre parmi nous.

Avant de les déléguer pour quelques années, tâchons de bien apprécier ce qu'ils ont dans le ventre, exprimons-leur bien ce que nous voulons. S'ils reviennent du parlement, examinons leurs votes, et si, *d'une façon quelconque*, ils ont augmenté les impôts, alors que nous en étions déjà surchargés, ne faisons pas la sottise de les réélire. Si nous les déléguons pour la première fois, ne les choisissons pas, parce qu'ils flattent notre amour-propre, ceux qui sauront nous dire de dures vérités, défendraient sûrement beaucoup mieux notre cause ; souvenons-nous du proverbe « qui aime bien, châtie bien ».

Ne prenons pas un « vulgaire inconnu » que le hasard a mis en évidence ; un crétin, comme nous en avons vu, ridiculise ceux qui l'ont élu ; un sinistre farceur les disqualifie.

Choisissons un homme qui *gère bien ses propres*

affaires, cela prouvera qu'il sait compter et que pratiquant l'économie domestique, il sera apte à l'économie sociale, ne prenons pas un fils à papa, ni trop jeune, ni trop vieux, ayant déjà de l'expérience, en même temps que de la vigueur et de l'énergie.

Toutefois, comme les hommes sont des êtres faibles, capricieux et changeants, nous aurons beau l'avoir choisi, dans son passé, homme de bien, sage et désintéressé, ce ne sera pas suffisant, le nouveau milieu peut, en effet, le transformer et le perdre, il faudra donc l'interroger longuement, lui faire traiter certaines questions, prendre des engagements, et *nous-mêmes* nous devrons lui exprimer *clairement* ce que nous voulons, car dans la suite, s'il n'a pas rempli son devoir, nous saurons ce qu'il nous reste à faire.

Ce que nous voulons ?

C'est plus de bonheur et pour cela beaucoup moins d'impôts, la *suppression de tous les impôts*, si c'était possible ; les transports faciles, afin de pouvoir gérer nos affaires ici ou là, expédier nos produits, sans que le prix n'en soit pas doublé ou triplé, rendant service de cette façon au consommateur comme au producteur.

Nous éviterons ainsi les tarifs de douanes qui sont une entrave à la fortune commerciale de nos ports, nous favoriserons le consommateur, qui est tout le monde, et le producteur qui n'aura nullement à craindre la concurrence étrangère, étant donné la facilité avec laquelle il écoulera sa récolte, allégée désormais des charges intérieures.

Comme conséquence, le rachat des chemins de fer.

Or, le moment est venu de choisir un représentant parmi les candidats en présence. Soyez donc capables, avec vos moyens actuels de donner votre opinion, de dire à celui que vous choisirez, ce que vous voulez qui soit fait pour vos idées et vos intérêts, à un Congrès permanent que nous appelons, en France, Chambre des députés.

Pour cela, soyez libres de manifester vos opinions, et conscients de vos désirs.

Libres, vous l'êtes aujourd'hui autant qu'on peut l'être et si vous avez quelques maîtres ou vulgaires personnages qui veulent se faire passer pour tels, secouez-en le joug avec indignation et vous les verrez disparaître comme des ombres.

Conscients de vos désirs, vous le deviendrez de plus en plus, car en vous éduquant, la République vous permettra de mieux comprendre vos besoins, de mieux concevoir vos idées, et plus vous saurez, plus vous voudrez savoir, mais en même temps plus vous sortirez de l'obscurité, pour entrer dans la lumière.

CHAPITRE VIII

Vers la suppression des impôts

Économies

NOTE AU LECTEUR

Il faudrait de longs jours, de longs mois, pour discuter sur les quelques pages qui vont suivre; des recherches, des enquêtes personnelles, au sujet des économies à réaliser.

Aussi, est-ce quelques jalons, piqués au hasard pour marquer un plan sur le terrain, plan que je modifierai probablement après un mûr examen.

Suppression des impôts

Le 6 Juin 1901, M. Jules Roche publiait dans le *Figaro* un très remarquable article intitulé : « Le vertige parlementaire. »

Après avoir constaté que le Sénat pendant très longtemps s'était refusé à prodiguer les deniers des contribuables, il s'émeut en voyant que la haute assemblée s'est lassée d'être appelée « Juste » et malgré le rapporteur de la loi sur les chemins de fer, M. Godin, le président de la commission des finances, M. Prevet, le ministre des travaux publics, M. Baudin, qu'elle a voté avec enthousiasme, une augmentation de charges pour les contribuables de 75 millions par an.

« Certes, les intéressés sont dignes de sympathie..... Les employés de chemins de fer ne roulent pas sur l'or naturellement ; ils sont dévoués, méritants à tous égards : tout le monde le reconnait. Ils ne sont pas cependant les plus à plaindre dans l'immense lutte pour la vie que livrent contre le sort plus de trente-sept millions de Français — lesquels sont relativement des privilégiés parmi les quinze cents millions d'êtres humains travaillant et souffrant sur notre planète avant de disparaitre dans l'inconnu. » De là, à infliger à des hommes qui ne sont pas plus riches, et déjà surchargés d'impôts, 75 millions nouveaux, il y a loin.

En effet : « Les tableaux du salaire, publiés en 1897, par l'*Office du Travail* sont décisifs, et les jeunes gens revenant du service militaire s'y trompent moins que les sénateurs trop éloquents. »

« Plutôt que de reprendre la pioche et la charrue, la plupart s'empressent de solliciter une place dans les chemins de fer, *préférant, non sans raison, la position d'un simple homme d'équipe* à celle de cultivateur, ouvrier agricole ou presque tout autre ouvrier manuel. »

Ainsi :

— « Un cantonnier départemental débute à 47 fr. par mois, dans l'Ardèche, 564 francs par an. Il y a *dix demandes* pour une place. Un facteur rural à 6 ou 700 francs.

Un instituteur débute à 900 francs et doit rester à ce chiffre, pendant un stage minimum de 5 ans.

Un ouvrier agricole ne travaille guère que 250 journées par an ; à 2 fr. 75 la journée en moyenne ; c'est un salaire de 687,50, pour l'année entière.

Si vous prenez la situation d'un cultivateur *en général*, fermier ou métayer dans mon riche département de Maine-et-Loire, par exemple, ou d'un maraicher des environs de Paris, vous arrivez aux mêmes résultats. Mais ceux-ci vous les saisissez à la gorge, brandissant au-dessus de leurs têtes votre feuille de contributions.

Il faut voir cependant, combien ils peinent « sur le sillon, y accomplissant une tâche utile et noble. » — (Leygues, du haut de la tribune française) — et se surmènent au moment des récoltes, travaillant *16 et 18 heures* par jour, *sans se plaindre*, bien que n'arrivant pas quelquefois à joindre les deux bouts.

Examinez la situation d'un boutiquier parisien :

Un beau jour, vous voyez arriver *cet électeur contribuable* qui vient vous demander à faire entrer sa femme à l'hôpital, son logement étant trop exigu et parce qu'il sera dans l'impossibilité de payer le médecin ; mais ayant une patente, les réglements d'assistance publique veulent qu'il paie 6 francs par jour.

Cet homme joue de malheur. Il voulait faire preuve d'initiative privée, ne pas être un salarié ou un parasite, fonctionnaire public vivant aux crochets d'autrui ; immédiatement, l'état ou la ville — au lieu de le soutenir, *ce qui serait plutôt logique* — brandit sa patente, et, *ô choquante contradiction*, le Conseil municipal de Paris, *qu'il soit socialiste ou nationaliste*, croyant se faire de la popularité, accable ce pauvre de toutes ses taxes et contributions, tandis qu'il dégrève les loyers de 500 francs, où habitent des salariés quelconques, inspecteurs d'un Louvre ou d'un Bon Marché, aux appointements de 7, 8 et 10.000 fr., des camionneurs d'une compagnie de chemins de fer, se faisant avec leurs pourboires 20 à 25 francs par jour ; des fonctionnaires de la ville de Paris ou de l'Etat, aux appointements de 8, 10, si ce n'est 15.000 francs par an, que rien n'empêche — n'ayant que quelques heures de présence par jour — d'habiter les nouvelles maisons modernes, bien aérées et moins chères des quartiers excentriques.

Examinez cependant le budget de ce petit boutiquier : coiffeur, cordonnier, papetier où fruitier; je ne me préoccupe pas du marchand de vin, celui-ci étant complètement inutile, nuisible même au reste des humains, qu'il empoisonne de ses absinthes — il a un loyer de 2.000 à 2.500 fr. Sa femme et sa fille ont leur emploi tout indiqué à la maison; à eux trois, ils gagneront à peine 8, 10 et 12 francs par jour, 3,600 à 4,500 par an. Mais comme nous l'avons dit plus haut, les nationalistes et les socialistes lui passent autour du cou le nœud coulant qui l'étrangle, patentes et contributions de 300 à 350 francs.

Résumez :

Loyer....................	2.300
Patente, contributions.....	350
Gain....................	3.600
Reste comme entretien	950

pour trois personnes à Paris. Mais ce qu'il y a de mieux, c'est que ce petit boutiquier, qui n'a jamais de repos, travaillant le dimanche comme les autres jours, n'a ni chambre à coucher, ni salle à manger, tout étant chez lui occupé par son commerce.

Voici comment, aujourd'hui, on favorise l'initiative privée ; *étonnez-vous, après cela qu'il y ait tant de demandes pour une place de fonctionnaire.*

Mais cet état d'esprit que vous exploitez, Messieurs les députés, fera son temps et les sinistres farceurs seront pendus haut et court.

Que ceux qui parmi vous veulent s'instruire, députés ou conseillers municipaux, qu'ils aillent interroger les contribuables et ils comprendront qu'il faut changer de tactique.

L'idéal n'est pas l'augmentation indéfinie des impôts, mais au contraire leur suppression.

Voilà pourquoi à Londres les habitants pratiques se font un point d'honneur d'avoir le moins d'impôts possibles, paient les denrées de première nécessité très bon marché ; le commerce est très prospère et les employés mieux payés ; mais il y a *peu de fonctionnaires.*

Examinez la situation du jeune médecin, pharmacien, avocat, docteur en droit qui, arrivé à vingt-cinq, vingt-sept, vingt-huit ans et qui, après avoir dépensé vingt ou quarante mille francs à sa famille, est obligé de se créer une clientèle et cherche un local dans ce but. Il n'ira pas louer une mansarde au sixième, qui viendrait l'y consulter ? Il lui faut un appartement convenable (pas pour lui, non ; il préférerait peut-être partager le gourbi d'une mauresque aux grands yeux langoureux, mais pous les clients qu'il suppose devoir venir) ; acheter des instruments modernes, une aiguille de matelassier, sous la clameur *des ignorants*, pourrait le conduire en police correctionnelle, comme ce malechanceux docteur Laporte, alors qu'il avait fait vaillamment son devoir, ainsi que le proclamait éloquemment le professeur Pinard, d'un esprit indemne de toute platitude au pouvoir.

Eh bien ! ils n'ont pas encore gagné un sou ; ils n'ont fait qu'en dépenser à leur famille, qui s'est privée souvent du nécessaire pour qu'ils puissent payer leurs inscriptions ; ils n'ont pas loué l'infecte gourbi parisien qui sera le témoin muet de leurs lamentations et de leur misère, que déjà les cambrioleurs, le père François, sous la forme d'impôts et *de patentes*, arrive les étrangler pour les dévaliser de ce qu'ils n'ont pas encore gagné.

Voilà ce que le millionnaire ou milliardaire — peu m'importe — Berteaux, député socialiste, banquier, ayant habitation somptueuse, avenue des Champs-Elysées, ignore ; voilà pourquoi, *d'un cœur léger*, il demande soixante quinze millions nouveaux à ces contribuables qui n'ont aucune raison d'être plus tondus que les autres.

Aussi pourquoi les électeurs gobent-ils tant ces prometteurs de paradis, pourquoi donnent-ils leurs voix à des hommes qui ne rêvent que d'augmenter, augmenter toujours les impôts, au lieu d'élire ceux qui voudraient les diminuer, diminuer sans cesse.

L'idéal, en effet, c'est la diminution constante, la marche vers la suppression des impôts.

A côté de ceux dont nous avons fait le tableau, voyez la situation de celui pour qui les nationalistes et les socialistes, souvent les deux à la fois (nationalistes - socialistes - révolutionnaires), comme nous le voyons aujourd'hui, ainsi de vrais bateleurs font la parade :

« Un homme d'équipe débute à trois francs par jour pour chacun des 365 jours de l'année, même pour les jours de *campo* — soit 1,095 francs par an — 95 francs de plus qu'un receveur des postes ! Ajoutez les secours pour soins médicaux, les facilités de circulation et d'approvisionnement ; la perspective assurée de l'avancement, de la retraite (un facteur de 2e classe gagne en moyenne 1,350 francs par an ; la retraite d'un poseur de la voie, par exemple, atteint 740 francs par an, et l'âge de la retraite est fixée à 55 ans).

« Voici un mécanicien de grande Compagnie : il a gagné l'année dernière 3,300 francs, traitement fixe et primes (c'est la moyenne ; un certain nombre arrivent à plus de 4,300 francs). Sa femme et sa fille aînée, âgée de vingt ans, travaillent dans les bureaux de la même Compagnie et gagnent, l'une 1,350 francs, l'autre 1,170 francs. Total pour le ménage : 5,820 francs. Assurément ce n'est pas le Pérou! comme on dit. C'est encore moins la misère. Songez qu'un capitaine de l'armée française ne gagne, en moyenne, que 3,675 fr. 79 ; un lieutenant, 2,747 fr. 37 ; un sous-lieutenant, 2,463 francs! Il faut arriver au grade de chef de bataillon pour gagner 5,797 fr. 90, 22 fr. 10 de moins pour le ménage de l'officier supérieur à quatre galons d'or que pour celui du mécanicien « serf de la voie ferrée! »

Nous ne demandons pas que ceux qui ont une situation convenable où ils peuvent être heureux, s'ils savent *diriger leur intérieur et borner leur ambition*, soient accablés à leur tour, non ; mais nous voudrions que ce qu'un ministre de Louis XVI songea à mettre en pratique fut enfin réalisé.

Le jour même (24 août 1774) où Turgot fut appelé à la direction des affaires, il écrivit au roi : « Il n'y a qu'un moyen. C'est de réduire la dépense au-dessous de la recette, et assez au-dessous pour pouvoir, chaque année, économiser au moins une vingtaine de millions, afin de rembourser les dettes anciennes. Sans cela, le premier coup de canon forcerait l'État à la banqueroute.

... On soutiendra que presque toutes les dépenses particulières sont indispensables. On peut dire pour cela de fort bonnes raisons ; mais comme il n'y en a pas pour faire ce qui est impossible, il faut que toutes ces raisons cèdent à la nécessité absolue de l'économie...

« ... Il faut, Sire, vous armer contre votre bonté de votre bonté même ; considérer d'où vous vient cet argent que vous pouvez distribuer... et comparer la misère de ceux auxquels on est quelquefois obligé de l'arracher par les exactions les plus rigoureuses à la situation des personnes qui ont le plus de titres à vos libéralités...

Et Me Jules Roche termine ainsi : « Ce noble langage serait plus juste et plus nécessaire encore aujourd'hui qu'en 1774. Il n'y a plus de roi, sans doute ; mais il n'est plus de Turgot pour parler ainsi. Personne, en 1774, ne représentait « les peuples », qui supportaient le poids des dépenses publiques ; aujourd'hui, le contribuable choisit 585 députés et 300 sénateurs qui devraient penser et agir comme Turgot. Ils agissent comme les courtisans qui le firent chasser. La seule différence, c'est que le souverain qu'ils flattent ne s'appelle pas Louis XVI, mais l'Électeur. Les courtisans perdirent le roi. Puissent-ils ne pas perdre le Peuple ! »

Eh bien, il est temps que ces courtisans, ces flatteurs comprennent que l'électeur en a assez de cette *augmentation croissante des impôts* et sachent qu'aujourd'hui, pour être bien vu de lui, il faudra, non seulement promettre, mais réaliser des économies.

Il faut aussi que les électeurs envoient à Lambessa ou administrent le knout à quiconque, fût-ce dans un esprit louable, aura demandé l'augmentation d'un chapitre quelconque du budget avant d'avoir (suivant la méthode proposée le 4 mars 1902 par M. André Berthelot), réalisé une économie équivalente.

Il faut que ces hommes changent de tactique et qu'ils se disent bien que, pour plaire à l'électeur, il faudra désormais diminuer, *diminuer sans cesse* les charges publiques.

Ce que nous désirons avant tout, c'est que les représentants de la nation soient moins des farceurs, de *vulgaires ambitieux*, mais plus conscients de leur devoir.

Nous avons vu au sujet de la propriété que la *Vérité sociale* était : « L'individu et les collectivités propriétaires, dans la commune et dans l'État propriétaire. »

C'est en appliquant cette formule et en faisant des économies considérables que nous pouvons marcher vers *la diminution et la suppression des impôts*.

Voici comment : Je connais dans mon beau pays d'Anjou — un des plus beaux, un des plus français de France — des communes relativement petites, ayant quatre-vingts et jusqu'à cent cinquante mille francs de rente. Ces communes, si elles avaient été bien administrées, auraient vu leurs revenus augmenter au lieu de diminuer et leurs rentes auraient pu devenir égales à la somme des impôts payés par les habitants ; il n'est pas nécessaire d'être socialiste ou nationaliste, bondieusard ou athée, pour trouver une chose si simple.

Beaufort-en-Vallée avait, paraît-il, il n'y a pas longtemps, cent cinquante mille francs de revenus ; mais à la suite de quelques travaux entrepris par de sages et prévoyants administrateurs??... ses ressources se sont trouvées diminuées ; elle n'a plus aujourd'hui que quatre-vingts mille francs de rentes.

Au lieu de diminuer, ses ressources auraient pu augmenter. S'ils avaient eu connaissance de « ces principes sociaux », je suis convaincu que les habitants de ce petit pays eussent marché avec plaisir — (il en est encore temps) — à la réalisation de cet idéal praticable : « **La suppression des impôts.** »

C'est un petit trou, me dira-t-on, une exception. Eh bien! prenons Paris. C'est, évidemment, la ville la plus fantaisiste, celle où le vol, le gaspillage, la danse des millions s'y fait avec le plus de sans-gêne qu'il soit possible de voir.

Les élus commencent par toucher illégalement une somme de cinq à six cent mille francs, et si l'administration centrale était consciente de son devoir, si les électeurs se lassaient enfin de rester des gogos, il ne serait pas dificile de trouver des hommes désintéressés qui dirigeraient les finances de la « Ville Lumière. »

Mais nous allons voir plus loin que nous supprimons, par économie, la Garde Républicaine (1), à peu près inutile, tandis que les casernes, splendidement placées vont être d'un revenu considérable pour la ville.

Nous allons supprimer les fortifications, mais au lieu d'aliéner complètement ces terrains, nous allons les adjuger *à la condition expresse* que dans cinquante ans ces mêmes terrains et leur superstructure feront retour, *intégralement et sans indemnité*, à la ville de Paris.

Quand nous ferons une exposition universelle et que nous y dépenserons des millions, nous ne nous contenterons pas de dire : cela va donner du travail aux ouvriers ; nous ferons en sorte que le travail fait soit un travail durable, et que beaucoup, beaucoup de ces constructions que nous allons élever soient dans la suite une source de revenus.

Si nous jugeons utile que les terrains en bordure

(1) A l'appui de notre dire nous ne pouvons mieux faire que de citer le général André qui a proposé l'autre jour à la signature de M. Loubet, la suppression d'une partie de la Garde Républicaine, comme étant absolument inutile. — Si le meilleur ministre de la guerre que nous ayons eu jusqu'à ce jour, avait eu connaissance de nos idées sociologiques, je suis convaincu qu'il eut demandé sa suppression complète dans un but louable et patriotique. Nous pourrions encore les employer pendant un certain temps à la démolition des fortifications et à construire avec des matériaux qui s'y trouvent des villas qui leur seraient concédées jusqu'à leur mort ; en échange de leur situation brisée.

du Champ-de-Mars — (c'est tout d'actualité) — soient construits ; nous ne les aliènerons pas complètement, nous mettrons leur concession pour 50 ou 60 ans, aux enchères publiques, et tout ce qui a été construit fera retour à la ville au bout de cette époque.

Qui peut empêcher Paris d'emprunter à 2 % pour acheter des immeubles qui lui en rapporteront dix ; gain pour une somme de 1 million, quatre-vingt mille francs, et pour cinq cents millions, quarante millions... etc., etc...

Quant à l'Etat, n'a-t-il pas des ressources considérables ? Ce monopole de la *rectification* de l'alcool, qu'il ne faut pas confondre avec celui de la *fabrication*, qui serait inique, produirait à lui seul — (disait M. Maujean) — cinq à six cents millions (mais il ne faudrait pas faire administrer ce monopole comme celui des postes et télégraphes par des socialistes, car alors il ne produirait plus rien).

Les allumettes...

Les tabacs...

L'adjudication des bureaux de tabacs...

Les postes et télégraphes qui, bien administrés, doivent être une source de revenus.

La raffinerie des sucres...

. . . .

Que sais-je encore ? Toutes choses qui, exploitées par l'Etat, *ne lèsent en rien les droits* et n'entraînent à aucune augmentation de dépenses de la part des membres de la grande famille (1).

L'application de ces idées est parfaitement réalisable avec notre système social actuel ; ce sera seulement l'administration de la « chose publique » par des honnêtes gens sensés au lieu de l'être par des sauvages et des pillards.

Les impôts de consommation étant supprimés, les transports étant considérablement réduits ; le commerce, l'industrie n'étant entravés en rien, les consommateurs auront au prix de revient les denrées qu'ils paient aujourd'hui trois ou quatre fois leur valeur.

Il est inutile d'ajouter à ceux qui gémissent au sujet de la dépopulation, que n'étant plus obligées de se serrer le ventre, les familles pourront donner libre cours à leurs plaisirs conjugaux et procréer de nombreux enfants.

Nous ajouterons aux collectivistes et aux communeux, que l'application de ces idées qui doivent amener (nous le croyons) le maximum de bonheur dans l'humanité est complètement en contradiction avec leur socialisme révolutionnaire, puisqu'il repousse toutes leurs théories et n'est que la pratique *légitime et consciente* de l'état social actuel.

(1) Nous savons encore que les bois et forêts de l'État, qui ne lui *rapportent rien au contraire*, seraient une *grande ressource de richesses et de revenus* pour les communes, s'ils étaient exploités par celles-ci, sous la haute direction de quelques inspecteurs des forêts, *strictement nécessaires* et strictement payés.

Des économies

Quand, nous disons des économies, nous n'entendons pas parler à la façon d'un vulgaire candidat à la députation, se désolant de cet esprit de fonctionnarisme, qui à l'heure présente perd la France et coûte si cher aux contribuables, dans le but d'amadouer les électeurs et de solliciter leurs suffrages.

Non!

Nous allons donner des chiffres pris au hasard, et montrer les économies formidables que nous pourrions faire, le jour où les électeurs en auront assez de cette danse de Saint-Guy.

Dernièrement à la Chambre, le 4 Mars 1902, M. André Berthelot déposait, au nom de son collègue M. Vigouroux et au sien, le projet suivant : « *Aucune proposition tendant à une augmentation de dépense, ne peut être mise aux voix, sans qu'une économie de chiffre, au moins égale, ait été simultanément proposée et préalablement adoptée par la Chambre* ».

Voici dans quels termes M. Berthelot défendait cette proposition :

« Au moment de comparaitre devant le suffrage universel, qui va nous juger, il est bon, il est moral, que chacun prenne position, que chacun se prononce d'une manière tout à fait claire sur les problèmes que les évènements imposent à notre attention.

« Parmi ces problèmes, il n'y en a pas de plus grave que celui de l'équilibre budgétaire. Il nous impose des responsabilités qu'il faut envisager en face. La discussion du budget a révélé à tous les yeux le péril qui menace les finances du pays.

« A l'heure actuelle, il s'agit pour nous, au terme de notre mandat, de prendre des responsabilités devant le pays et de lui indiquer dans quelles conditions doivent être gérées, à notre avis, les finances de la République française.

« La question est, je crois, posée par notre projet de résolution avec une entière netteté et et une parfaite sincérité. Vous y répondrez et, dans tous les cas, *j'espère qu'on y répondra d'une manière aussi claire et aussi franche que nous la posons nous-mêmes.*

« Si vous pensez que les augmentations de dépenses soient nécessaires, fatales, irrésistibles comme une sorte de phénomène naturel, vous écarterez notre projet de résolution; si, au contraire, vous pensez que les quelques augmentations de dépense que la justice, l'intérêt des services peuvent justifier, sont susceptibles d'être compensées par des économies équivalentes, vous le direz également. Ce sont deux politiques. *Le pays jugera : il se prononcera entre les candidats du déficit et les candidats de l'économie.*

« La question est clairement posée ; je suis persuadé que chacun tiendra à honneur d'y répondre avec une égale franchise. »

Bien que la question ait été posée, comme le disait M. Berthelot avec une entière netteté et une parfaite sincérité ; il n'y fut pas répondu. Cette question si claire gênait nos acrobates, il fallait trouver un moyen subtil d'éviter l'écueil.

J'ignore pour ma part, et je ne veux pas connaitre les petites subtilités parlementaires, je veux être naïf comme le bon public ; je constate une chose : la question était nettement et sincèrement posée, il fallait y répondre de même. Eh bien non ! ces hommes pitoyables s'en tirèrent par un faux fuyant.

Je voudrais livrer au mépris public, les noms de ceux qui acclamèrent le faux fuyant, mais en fils dévoué à la République j'ai des égards pour quelques noms de vieux serviteurs qui, peut être, se sont trouvés là, à leur insu ; que ce vote soit une leçon pour l'avenir, et qu'ils se disent bien, les députés, que s'ils ne veulent pas être traités avec juste raison, comme l'a fait M. Leroy-Beaulieu, que nous avons cité à la page 47, ils ne se comportent plus dorénavant de façon à mériter ces paroles.

Nous citerons cependant le nom de ceux qui

par leurs stupides interruptions ou leur intervention ont essayé de modifier le débat. Ce sont MM. Maurice Berteaux (nous l'avons déjà vu dans l'article précédent), Bourrat, Gauthier de Clagny, Jourde, Lafferre, Pourquery de Boisserin, Rabier, Salis, Symian et — trois fameux collectivistes communeux Carnaud, Dejeante, Zevaès. — Quelques jours après la question étant soulevée à nouveau par M. Vigouroux, nous voyons réapparaître les mêmes hommes et le ministre collectiviste Millerand.

Eh bien! nous allons plus loin que M. André Berthelot; nous applaudissons cependant à sa proposition, qui était la juste mesure pour une Chambre composée en grande majorité d'eunuques incapables et impuissants à faire de bonne besogne; nous voulons des économies considérables, et nous ne demandons pas des dépenses équivalentes; non! ces économies sont la conséquence forcée de nos idées; elles doivent pour le présent soulager les charges des contribuables qui sont tout le monde, et tendre, comme nous l'avons vu précédemment dans un avenir relativement prochain, à la suppression des impôts.

Comme nous l'avons dit au commencement de notre livre; nous allons faire ample provision de poudre insecticide, tuer et écraser les parasites, sans pitié; s'ils y en a qui restent valides, qui soient encore *capables de travailler*, nous leur offrirons d'aller dans nos centres de colonisation féconder la terre.

Mon travail était à peu près terminé quand se déroula à la Chambre la discussion concernant la réforme de l'enseignement secondaire. Quel rapport, pouvait bien avoir cette question avec le sujet de ce livre, je n'en voyais aucun, et je ne l'aurais pas suivie, si je n'y avais vu mélangé le nom de M. Brisson. Je voulus connaître l'opinion de cet austère républicain, le grand directeur de conscience de plusieurs de mes amis. J'ouvris l'*Officiel*, cela me permit de lire un superbe exposé, un magnifique discours de M. Leygues.

Dans ce discours, un passage défendant admirablement certaines de nos idées ; mais je cherchai en vain les conclusion nécessaires pour réagir contre « le grand cercle vicieux. »

Voici ce passage : « Aller au-delà serait présentement préparer à beaucoup de jeunes hommes des déceptions cruelles. Ce serait faire le malheur de ceux dont vous prétendez faire le bonheur. Ne sentez-vous pas que le jour où vous auriez ouvert comme les lycées et les collèges, nos facultés à tous les enfants sans distinction, la France ne serait plus qu'une nation de médecins sans clients, d'avocats sans cause, de fonctionnaires, *de parasites sociaux* dont vous aurez ainsi augmenté le nombre.

. . . .

« Le travail, quel qu'il soit, est noble, en bas

comme en haut de l'échelle sociale. *L'ouvrier et le paysan qui peinent dans l'usine ou sur le sillon accomplissent socialement une tâche aussi utile et aussi belle que l'homme qui exerce la profession libérale la plus honorée.*

« C'est une imprudence de dire ou de laisser croire qu'il y a un travail plus haut en dignité qu'un autre travail.

. . . .

« Mais combien plus maigre encore et misérable la condition de ceux qui sans fortune se sont engagés dans des professions libérales et qui n'ont ni clients ni causes, qui errent dans la vie désabusés, découragés, meutris de toutes leurs déceptions et de tous leurs désespoirs. Il n'est pas de sort plus triste que le leur, de misère plus sombre que leur misère ; il n'est pas d'êtres plus dignes de pitié.

« Que deviennent-ils, ces déclassés ? Selon la nature de leur âme, quand la souffrance est trop aiguë, ils tombent dans le servilisme ou la révolte.

« Voilà ce qu'il faut avoir le courage de dire pour enrayer l'émigration perpétuelle vers les villes où tant d'énergies s'usent, où sombrent tant de courages, pour que sous prétexte de favoriser la démocratie, nous ne soyons pas exposés à voir ce qui serait la fin de la démocratie : l'atelier vide et la terre déserte.

« Alors, me direz-vous, que faut-il faire ? (1) »

En lisant ce passage, cela me rappelait « la douleur universelle » de Sébastien Faure; mais je supposais qu'un de nos grands médecins sociaux devait avoir un remède efficace, je me trompais.

Quand on dit si bien, que *le paysan qui peine sur le sillon accomplit socialement une tâche aussi utile et aussi belle que l'homme qui exerce la profession libérale la plus honorée*, la conclusion forcée devrait être : il ne suffit pas de glorifier ces hommes, il faut leur donner l'outil nécessaire à la lutte pour la vie, *l'instruction agricole*, et j'inscrivais déjà en marge de mon *Journal Officiel* « bravo Leygues ! » — Mais quel fut mon étonnement en voyant : 1° l'augmentation du nombre des bourses ; 2° l'augmentation du traitement des pions, du traitement des proviseurs.

C'est-à-dire qu'alors que nous sommes grevés et surchargés ; que l'agriculture, le commerce en meurent comme toutes les autres professions, il fallait nous grever davantage pour augmenter le traitement de jeunes gens qui ont une *situation d'attente*, qui sont des clercs, des potards, des carabins, des apprentis, c'est-à-dire des jeunes qui payent généralement leur apprentissage et qui devraient être enchantés, en attendant une situation *qu'ils doivent se créer supérieure*, d'être logés, nourris et d'avoir par mois quelques louis à leur usage personnel.

(1) Séance du 14 février 1902.

Que s'ils ne sont pas contents, ils aillent défricher la Corse, il y a des hectares et encore des hectares incultes.

Les pions, j'en ai connu intimement un certain nombre, d'anciens camarades, jamais je n'entendis aucun d'eux se plaindre de sa situation ; tous au contraire, se trouvaient fort heureux ; beaucoup cherchaient à se créer des situations supérieures et parmi eux je puis citer mon compatriote et grand ami Bastard, aquarelliste de grand talent et très brillant explorateur fort remarqué à Madagascar. Si vous augmentez leur traitement, ils seront enchantés certes, mais pourriront comme ceux *que je vois de ma fenêtre* dans les cafés du quartier latin, vivant en concubinage dans la rue des Carmes ou Champollion avec des gonzesses qui ne sont pas de choix, ayant goûté à trop de générations.

Pour entraver le dépeuplement des campagnes, pour empêcher « ceux qui sans fortune, se sont engagés dans les professions libérales et qui n'ont ni clients, ni causes, qui errent dans la vie, désabusés, découragés, meurtris de toutes leurs déceptions et de tous leurs désespoirs », je ne vois pas que d'augmenter le nombre des boursiers soit un remède, *au contraire*. Si on constate avec Sébastien Faure, avec Leygues, que le prolétariat intellectuel est le plus malheureux, le traitement indiqué contre ce mal, n'est pas d'en augmenter le nombre, en augmentant le nombre des bourses, destinées à des jeunes gens sans fortune *plus ou moins bien doués*, qui une fois sortis du lycée seront incapables de résister à la concurrence.

Que nos socialistes, au lieu de faire du sentiment, observent donc un peu mieux, ils feront de meilleure besogne.

Notre remède à nous, (et nous renvoyons le lecteur au chapitre *Colonisation*), est donc de dire aux prolétaires intellectuels comme aux autres : faites comme mon ami Bastard.

Ecoutez Virgile et Xénophon ; allez coloniser.

Admirez l'odysée du gendre d'Elisée Reclus, s'en allant en Algérie sans aucune ressource que la volonté de réussir, et fondant un centre de colonisation aujourd'hui prospère.

En supprimant les bourses, toutes les bourses, vous ne créerez pas de nouveaux déclassés, et si en 1896, il y eut 5.017 élèves boursiers, à mille francs par tête, cela fait déjà à réaliser 5.017.000 francs d'économies.

A quelle idée, les bourses répondent-elles ? A celle-ci : que les jeunes gens (supposés les plus intelligents), pourront plus tard faire des hommes, voire même des grands hommes utiles à la société, aussi dans le cas où ils ne seraient pas favorisés par la fortune, il est de l'intérêt général de mettre à leur disposition les moyens nécessaires pour arriver à la situation dans laquelle ils pourront rendre ces services.

Je crois bien que c'est la seule raison valable

pour soutenir le principe des bourses ; le principe d'égalité ne pouvant en effet être soutenu ; car on en reviendrait à la *thèse socialiste*, et aussitôt nous pourrions donner mille raisons victorieuses et *toujours citer Leygues du haut de la tribune*.

Mais si l'on veut bien se *donner la peine d'observer*, on constatera que la *très*, *très grande majorité* de ces boursiers sont des égoïstes fieffés, formant « une tourbe de pédants et rhéteurs » recherchant la *grosse dote*, et deviennent alors les *pires bourgeois pourris*, ou bien, s'ils n'arrivent pas très vite à la fortune par ce procédé, « découragés, désabusés, meurtris de toutes les déceptions » ils se transforment en révolutionnaires aigris ou en dupeurs du peuple.

Nous pourrions citer des noms, j'en ai des centaines parmi mes anciens camarades, et quel est l'homme ayant coudoyé au collège, au lycée, ces fameux boursiers, qui ne peut en dire autant.

« Le sort se montre-t-il tout au moins, plus juste aujourd'hui qu'il l'était autrefois ? La suprématie des concours vaut-elle mieux que celle de la naissance ? Les cartes nouvelles se montrent-elles supérieures aux anciennes ? »

Le simple bon sens nous permettra de répondre à cette question.

Sur quel principe est basé le concours ? Sur quelle faculté repose son succès ?

M. le docteur Guimbail, nous montre dans « *A travers la médecine* » que c'est purement et simplement sur le hasard qu'est basé le concours ; sur le développement d'une seule des facultés de l'intelligence, une des moins nobles, la mémoire ; le hasard des questions ; le hasard des jurys, etc.

Est-ce que même à côté des facultés d'intelligence, celles de sensibilité, de volonté sont quantités négligeables ?

Et l'éducation, et l'extérieur, reflet simpliste de l'homme intérieur, qui en prend cure ?

Et le favoritisme, le plus bête, le plus stupide de tous, le favoritisme que l'on obtient par l'intermédiaire du rond-de-cuir, du larbin ; par la camaraderie, par l'affichage de ses opinions politiques, etc., n'est-il pour rien.

« Votre bouche n'a pas assez d'imprécations contre le jeu du hasard, déposant dans le berceau d'un aristocrate des siècles passés, le pouvoir et la fortune, le rang ou la couronne. Vos dieux du jour sont les produits du hasard. Quelques circonvolutions hypertrophiées, l'aptitude innée, héréditaire peut-être, à fixer un grand nombre de faits, souvent sans cohésion, à s'imprégner d'indigestes opinions et de théories stériles ; voilà la base du concours. Est-ce là du hasard ?

« Habituellement, ce travail de phonographe est considérable ; les rouleaux trop nombreux encombrent et épuisent le candidat. Aussi, quand il arrive au but, quand il a décroché la fameuse timbale, s'enferme-t-il dans la tour d'ivoire. Fourbu d'avoir tant peiné à apprendre ce qu'ont fait les autres, la *vis creatrix*, si tant est qu'il la possédât jadis s'est stérilisée, l'ardeur juvénile s'est figée. En sorte que se trouve justifiée cette exquise définition de Taine : « Une faculté est un casino scientifique, une sorte de petite Provence intellectuelle, où l'on vient tiédir doucement et s'éteindre. » Et M. Guimbail, nous cite Charcot, qui ayant passé de pitoyables concours, n'en devint pas moins un de nos plus savants médecins.

Les exemples semblables abondent. Y a-t-il au moins une raison d'état à maintenir de pareils frais, à continuer de pareils errements, non !! M. Leygues, comme ministre de l'Instruction publique, vient nous le déclarer lui-même : « Le travail, quel qu'il soit, est noble, en bas comme en haut de l'échelle sociale. C'est une imprudence de dire ou de laisser croire qu'il y a un travail plus haut en dignité qu'un autre travail..... »

Nous pouvons donc réaliser de sérieuses économies. D'autant plus que les boursiers, comme nous l'avons dit d'autre part, sont dans de mauvaises conditions de lutte pour la vie. S'ils ne trouvent pas sur leur chemin une « Clara quelconque » leur apportant la forte dote, ils resteront *à charge* à la société « désabusés, découragés, meurtris de toutes leurs déceptions et de tous leurs désespoirs. »

Nous ne proposerons pas, comme M. Jules Lemaitre la suppression complète du budget de l'instruction publique ; mais au lieu de vouloir *mono-*

poliser l'instruction en supprimant la liberté du père sous prétexte de respecter la liberté du fils, considérant, suivant la théorie de M. Gustave Téry, de la *Petite République*, l'enfant comme un être absolument distinct de ses ancêtres, mais lié, par contre, étroitement à la société. Théorie qui ne tient aucun compte des lois biologiques, comme si l'enfant apparaissait tout à coup, sous la feuille d'un chou, expédié de la lune par le Saint-Esprit (opinion éminement spiritualiste, religieuse, chrétienne et absurde) alors que fœtus, pendant les neuf mois de la conception, il ne ferait plus partie intégrante du corps de sa mère.

Superstition qui croit que l'opération de l'accoucheur va créer deux êtres absolument distincts; comme si l'enfant n'était pas *généralement* la reproduction vivante de ses pères et mères, de leurs qualités et de leurs défauts, atténués il est vrai par l'éducation (mais combien peu) avec *quelquefois cependant* une originalité ou des tendances nouvelles.

Nous soutiendrons donc ces lois naturelles auxquelles avec « un bon esprit » nous sommes obligés de nous conformer; et constatant que l'enfant n'est en ce monde que le *prolongement* des pères et mères dont il fait malgré tout partie intégrante, nous ne pourrons refuser à ceux-ci le droit de faire instruire leur progéniture par des éducateurs de leur choix.

Que la République, refuse la porte de ses administrations à ceux qui n'ont pas reçu telle estampille que bon lui semble, c'est peut être soutenable; qu'elle exige des maîtres qui voudront établir des écoles une HAUTE CULTURE PHILOSOPHIQUE, l'esprit et la méthode scientifique et des examens sévèrement passés devant des professeurs remarquables, tels que M. Aulard.... cela est logique; mais nous devons maintenir la liberté et la concurrence dans l'enseignement, le monopole de l'Etat étant inacceptable et surtout trop dispendieux.

Nous dirons aux proviseurs et principaux, que leurs établissements doivent faire leurs frais; les facultés de même, quitte à leur fournir quelques subventions à titre d'encouragements, et à récompenser les directeurs qui auront bien géré leurs établissements. Nous devons arriver à réduire le budget de l'instruction publique à 100 millions.

(Si je ne me trompe, il était de 60 millions avant la République.)

(De 173 millions en 1891, tandis qu'il est en 1902 de 209 millions. — Parmi les causes d'augmentation figure le déficit des lycées et des collèges qui semble dû à une mauvaise gestion et à une conception inexacte de l'enseignement secondaire.)

N'oublions pas qu'il est de nombreux pays, la Belgique, l'Angleterre, etc..., où les universités « libres », les hôpitaux comme à Londres, fonctionnent « with the public liberality », c'est-à-dire que ces pays, sont beaucoup plus pratiques que nous, et que ces établissements ne coûtent rien aux contribuables, économies : 109 millions.

Nous supprimons le budget des cultes, sans commentaires, économies : 47 millions.

Nous supprimons en grande partie le budget des beaux-arts. Pourquoi, comme en Angleterre, en Belgique, en Italie, etc., les musées ne seraient-ils pas payants certains jours de la semaine. (Les sommes perçues, servant à leur entretien et à l'acquisition des chefs-d'œuvres, etc...)

L'école des beaux arts devra faire ses frais, comme les autres écoles.

Il est de toute logique, de tenir vis-à-vis du budget des beaux-arts et de l'instruction publique,... le même raisonnement que nous tiendrions pour le budget des cultes ou celui des postes et télégraphes.

Si nous disons : « Que ceux qui veulent adorer des bons dieux ou des saintes vierges, se faire baptiser, se marier, s'enterrer dans des églises quelconques ; qui veulent faire dire des messes pour gagner le paradis, entretiennent eux-mêmes leurs marabouts et leurs mosquées. »

Il faut dire également : « Que ceux qui peuvent s'offrir l'Opéra, le Théâtre-Français, etc..., s'y pavaner en gants blancs et en souliers vernis, ne se fassent pas offrir ce spectacle par les habitants de la Savoie, de l'Auvergne et d'ailleurs qui n'auront jamais l'occasion d'y mettre les pieds et qui, payent pour subventionner ces spectacles deux millions 418.000 francs.

Que si vous avez besoin de spectacles raffinés, tas de citadins névrosés, les campagnards eux aussi cherchent leurs distractions du dimanche, *en attendant quelque chose de mieux*, aux spectacles de leurs mosquées, l'oreille flattée des sons de l'harmonium, de l'orgue, de la trompette, ou de la voix des jeunes vierges chantant la messe.

S'il est immorale, comme le prétend Tery (*loc. cit.*), que ces pucelles se livrent dans leurs cantiques, à l'amour immodéré d'un christ aux cheveux roux, aux yeux bleus et aux mains blanches; il ne l'est pas plus que vos étoiles décolletées, aux cuisses excitantes, maîtresses inféconds de vieux sénateurs ou de président gâteux.

Que ceux qui veulent aller étudier dans les différentes facultés ou écoles supérieures, paient les frais de ces établissements et de leurs professeurs. Car dans une société démocratique nous ne devons pas « laisser croire qu'il y a un travail plus haut en dignité qu'un autre travail » ; que chacun paie son apprentissage, *où* et *quand* bon lui semble (1).

Nous demandons la suppression des décorations civiles : Il est ridicule en effet que dans un état démocratique où l'on pousse à l'excès l'esprit égalitaire, vous ayez des bouts de rubans qui sont répandus à tort et à travers dans le public, et

(1) Ex. Cecil Rhodes.

qui semblent avoir la prétention de faire une sélection parmi les citoyens.

Si cette sélection était toujours faite d'une façon consciencieuse, si les décorations n'étaient jamais données qu'à des hommes qui par des actes de générosité, de courage, par des travaux, des découvertes scientifiques, cela pourrait s'excuser jusqu'à un certain point ; quoique les actes de courage, comme nous l'avons vu avec les marins du Caro, les découvertes scientifiques d'une rare valeur n'ont jamais été faits dans le but de gagner des rubans violets ou rouges.

Mais nous voulons être logique. Nous ne voulons pas laisser croire qu'il y a un travail plus haut en dignité qu'un autre travail ; nous prétendons avec Leygues, que l'ouvrier et le cultivateur qui peinent dans l'atelier ou sur le sillon, remplissent une tâche aussi noble et aussi grande qu'aucune autre.

Et afin qu'on ne puisse pas répéter avec Camille Pelletan le jeu de mots suivant : « Vous savez ? X... vient d'être décoré. — Vous voulez rire ? — Pas du tout ! C'est fait !... Et à l'heure où je vous parle, il cumule l'industrie de la légion d'honneur, dans ce sens particulier qu'il est chevalier des deux ! »

Nous demandons avec H. Maret, la suppression de la légion d'honneur, ou la permission *égale pour tous* les citoyens de se barioler le ventre, de bouts de rubans, comme bon leur semblera.

Economies, quelques centaines de mille francs, et un palais qui bien placé, sera une source de revenus

Nous économisons les frais de la censure.

Nous supprimons les octrois, *mais nous ne continuerons pas de payer les employés désormais inutiles*.

De l'avis de tout le monde, il y a quatre fois plus d'employés dans les ministères, à l'hôtel-de-ville, à l'assistance publique, etc...., qu'il n'en faut; nous en supprimons trois sur quatre, et *nous leur offrons en échange une villa dans nos centres de colonisation*.

Tous les agents plongeurs qui se baladent sur le bord de l'eau, avec leurs chiens qui ne servent à rien, comme l'a démontré dernièrement l'expérience du *Matin*.

Tous les agents provocateurs qui servent aux expériences du fameux Andrieux.

Les agents des mœurs.

Ceux qui montent la garde, à la porte des théâtres, des guichets de tramways, etc..., et peuvent être remplacés par des huissiers et larbins payés par les Compagnies qui en ont besoin; supprimés par cause d'économie.

...Etc.... etc....

Il est surprenant en effet que dans une société qui *se prétend civilisée*, il y ait *dix fois, cent fois* plus de gendarmes que chez les *prétendus sauvages*, sans qu'il y ait moins de vols ou de crimes.

Nous ferons en sorte qu'un ministre socialiste du commerce, ne dépense pas des sommes considérables à acheter des automobiles pour les postes et télégraphes ; car nous savons que celles-ci ne fonctionnent pas supérieurement ; tandis qu'*imposer et embêter* un peu moins les chauffeurs ferait bien mieux leur affaire et celle des fabricants.

Le budget de la marine était en 1891 de 211 millions
— — — 1898 de 286 —
— — — 1901 de 327 —
— — — 1902 de 312 —

Soit une augmentation de plus de cent millions.

Eh bien, il ressort d'articles consacrés à la marine, et de nombreux rapports présentés aux Chambres, qu'il y a dans ce budget des gaspillages qui n'ont pas de nom pour les qualifier.

Dans un article récent (*Matin*, 28 février 1902) intitulé un tour de passe-passe, M. Camille Pelletan raconte que dans son enfance (ce qui n'est pas d'hier, dit-il) il y avait un homme célèbre pour escamoter des œufs, des mouchoirs, des chapeaux, des bouteilles ; cet homme s'appelait Robert-Houdin. Ces tours de passe-passe, ne sont rien en comparaison de la farce qui s'est jouée récemment à la Chambre, et qui fit voter sans discussion une somme de 300 millions pour la marine.

A ce sujet il malmena M. Lockroy, rapporteur de ce crédit qui, tout d'abord, avait publié, au nom de la commission du budget, un réquisitoire de trois cents pages pour démontrer que les fonds consacrés à notre armée navale *étaient misérablement gaspillés*, et qui, *tout à coup*, au dernier moment, *s'est trouvé d'accord* avec le ministre de la marine.

Il ajoute :

« Au moment où tout le monde feint d'être d'accord sur la nécessité de construire, dans le plus bref délai possible, le plus de sous-marins qu'on pourra, *le budget de MM. Lockroy et de Lanessan, les exclut absolument. Pas un seul sous-marin mis en chantier cette année.* »

J'attendais la réponse de M. Lockroy, elle ne se fit pas attendre. Il traita son *ancien ami* de fumiste et de farceur, il fit la description et les louanges du sous-marin, cet engin merveilleux, (ne coûtant que 50.000 francs, tandis que les mastodontes cuirassés coûtent des vingt et vingt-cinq millions) pouvant servir à l'attaque comme à la défense, mettant un cuirassé en mille pièces, sans que celui-ci ait eu le temps de s'en apercevoir.

Je ne connais, je n'entends rien aux choses de la marine ; mais avec ma naïveté de contribuable je me dis : « il me semble que Camille Pelletan est moins fumiste que Lockroy, et plus logique (peut-être parce qu'il est moins littérateur) ; mais puisqu'un petit bateau de rien du tout, qui ne coûte que 50 mille francs vous fait sauter comme une plume, un mastodonde qui coûte des millions et des millions, je ne vois pas pourquoi on n'en construit pas cette année de ces formidables petits engins de guerre. C'est probablement qu'il y a de gros et riches industriels, qui ont besoin d'accaparer la galette des contribuables.

Entre MM. Lockroy et Pelletan, il y avait bien une petite question de personnes, il y a l'histoire de quelques messieurs X., Y., Z., ronds de cuir au ministère de la marine ayant perdu leurs appointements.

Pour ceux-ci, je dirai ce que j'ai dit ou dirai pour d'autres : « Ces parasites, s'ils sont mécontents de leur sort, nous avons une place toute indiquée pour eux. Nous avons en Afrique une immense vallée, une des plus vaste du monde à fertiliser, la vallée du Niger ; qu'on fasse le transsaharien qui ne coûtera pas plus de cent millions, c'est-à-dire le prix de quatre cuirassés, ces monstres inutilisables ; et ce railway nous économiserait dans l'avenir des centaines de millions, nous mettant à l'abri des coups de l'Angleterre. (dans l'éventualité d'un nouveau Fachoda) en nous permettant de nous emparer sans coup-férir des colonies Anglaises de Sierra Leone et de la Boucle du Niger, en même temps qu'il développerait considérablement l'importance politique et commerciale de notre Atlantide.

Ainsi, nous économiserions, quantité de millions, car nos soldats que nous envoyons au Soudan, au Tchad, dans le Haut Oubanghi n'y arrivent qu'après un très grand parcours, un tres long voyage, par le Sénégal, le Dahomey ou le Congo, voyages extrêmement dispendieux; tandis qu'ils iraient en ligne droite, à peu de frais, en quelques heures d'Alger, que leur ravitaillement serait facile, et mille autres avantages.

Dans un article publié le 2 décembre 1901, André Berthelot, cite la Guadeloupe qui vient d'élire un socialiste révolutionnaire, adversaire des armées permanentes; il se déclare ministériel, comme conséquence : au lieu de supprimer la compagnie, on en envoie une seconde et la dépense est portée à........................ 906.000

A Brazzaville, au milieu du continent noir, pour clôturer un jardin........	70.000
Pour une salle de fêtes afin d'y recevoir des négresses........................	16.000
Appareils électriques pour étonner les noirs..............................	18.000
La comptabilité du Congo français, dit-il, est fantaisiste, il existe un trésorier général aux appointements de	45.000
	1.055.000

« Le chef-d'œuvre de l'incurie et de la routine, c'est la réglementation des vivres; il s'agit d'une dépense de vingt millions pour les troupes coloniales. »

« La simple réforme de ces routines absurdes économiserait des millions ; les seuls à la regretter seraient les quelques fournisseurs de ces farines avariées et de ces conserves décomposées. *Mais ceux-ci ont le bras long??* »

Dans le même ordre d'idées, nous ajoutons que la nomination d'un député notaire, qui n'a pas su gérer ses propres affaires, dépensant l'argent de ses clients, à un poste de vingt mille francs au Tonkin, est une ignominie, et que dans l'intérêt des contribuables, des primes semblables à mal faire, ne doivent pas être données.

Nous pourrions continuer longtemps. Le sujet est pour ainsi dire inépuisable. Ce que nous avons dit suffit à indiquer notre état d'âme, et la méthode que nous emploierions pour arriver à cet idéal, la suppression des impôts.

En corrigeant nos épreuves un article de M. de Cassagnac, paru le 16 avril 1902, nous est tombé sous les yeux. Nous ne pouvons résister au désir d'en citer quelques passages.

D. Quel est le total des impôts de la Triplice (Allemagne, Autriche et Italie) pour 116 millions d'habitants?

R. 4 milliards et demi.

D. Que paye l'Allemand en moyenne?
R. 30 fr. 50.
D. Que paye le Belge?
R. 31 fr. 50.
D. Que paye l'Autrichien?
R. 44 francs.
D. Que paye le Hollandais?
R. 44 fr. 50.
D. Que paye l'Anglais?
R. 66 fr. 50.
D. Que paye le Français?
R. 99 fr. 50.

Il n'est pas de contrée, dans les cinq parties du monde, où le fonctionnarisme pullule comme chez nous.

On dirait des champignons sur une couche de fumier.

En 1850, quand nous possédions encore l'Alsace et la Lorraine, il y avait, ce sont les chiffres officiels, **180,000** fonctionnaires en France.

. . . .

Savez-vous combien nous en avons aujourd'hui?

Les chiffres fournis à la Chambre des députés, durant la dernière discussion du budget, vous l'apprennent.

Les fonctionnaires sont au nombre de **416,000**.

C'est-à-dire que, depuis cinquante ans, ils ont augmenté de **228,000**.

Ils ont plus que doublé.

Et, remarquez-le bien, dans ce nombre, nous ne comptons que les fonctionnaires de l'Etat.

N'y sont pas compris les fonctionnaires des départements et des communes.

Sans cela, il faudrait dépasser, et de beaucoup, le total énorme de **500,000**.

Oui, un demi-million de fonctionnaires en France.

Cela fait UN fonctionnaire par VINGT électeurs

Il y a cinquante ans, les fonctionnaires nous coûtaient 255 millions.

A cette heure, ils nous coûtent 720 millions.

. . . .

Mais où l'abus paraît encore plus effroyable, encore plus scandaleux, c'est lorsqu'on met en comparaison le chiffre de nos colons de la Nouvelle-Calédonie, de l'Inde, de la Cochinchine, du Cambodge, de l'Annam, du Tonkin, du Sénégal, du Dahomey, du Congo, de Madagascar et le chiffre des fonctionnaires affectés au service de ces colonies.

Les colons sont au nombre de 6,151.

Les fonctionnaires, au nombre de 4,237.

Il y a donc UN fonctionnaire pour moins de DEUX colons.

. . . .

Le fonctionnaire, lui, sans se préoccuper du beau temps, si ce n'est pour se promener, se moquant des fléaux qui s'abattent sur les propriétaires, narguant l'inondation, la gelée, la grêle, le phylloxera, va toucher tranquillement ses appointements tous les mois; il est frais, gras, joyeux, alors que le paysan se demande anxieusement comment, sans pain sur la planche, il pourra passer la mauvaise saison.

Puis, à soixante ans, le fonctionnaire se retire, pour continuer de ne rien faire, avec une retraite, payée par qui? par le paysan, qui n'en a pas, lui, de retraite!

En un mot, c'est le paysan qui engraisse le fonctionnaire.

Et d'après la statistique, on l'a vu, il faut VINGT électeurs pour nourrir UN fonctionnaire.

Si ce régime-là plait aux électeurs, ils n'ont qu'à renommer les mêmes députés..., et le nombre des fonctionnaires augmentera de plus belle.

Toutefois, nous dirons à M. de Cassagnac qu'il est responsable en grande partie de cet état de désordre, et de gaspillage qui existe dans nos finances.

Si avec ses amis, ils avaient renoncé quelque jour à cette opposition irréductible qu'ils n'ont cessé de montrer vis-à vis de l'Etat républicain. Si des hommes qui m'ont tout l'air d'être des démocrates sincères, cessaient enfin d'être des idolâtres adorateurs de bons dieux et de saintes vierges gangrenées. S'ils voulaient bien se donner la peine de constater les progrès de la sience moderne et de voir que cette science qui est l'idéal des générations nouvelles détruit de fond en comble toutes les croyances superstitieuses ; alors, nous pourrions nous entendre, et au lieu de voir l'alliance des braves défenseurs d'idées généreuses et de l'ordre social actuel avec les pires ennemis de celui-ci, dans une lutte commune contre les ennemis du régime moderne, du régime républicain ; nous verrions au contraire tous les démocrates, tous les vrais républicains de la vraie République unis en un bataillon sacré, marchant à la conquête de l'idéal de vérité et de justice ; luttant contre les barbares sauvages et pillards qui sans travailler, rêvent de bien vivre au détriment d'autrui.

CHAPITRE IX

Agriculture

La Question agricole.

Les Socialistes et la Question agricole.

Les Corses et la Question agricole.

Les Remèdes que nous proposons.

Agriculture

Instruction et propagande agricole

> « Vous voulez retenir les hommes et les enfants dans les campagnes. Intéressez-les aux choses de la campagne; montrez-leur ce que c'est que l'agriculture; faites-leur connaître ce que sont cette pierre que rencontre le soc de la charrue, ce brin d'herbe, ce grain de blé; donnez-leur l'enseignement technique »! ....
>
> (CLEMENCEAU, 31 janvier 1881, Séance de la Chambre.)

L'Agriculture, fut de tout temps la principale richesse de la France, grâce à la fertilité de son sol et à la diversité de son climat.

Toutes les cultures y prospèrent, la vigne, les blés, le chanvre, la pomme de terre, la betterave, l'olivier, le tabac, etc., et dans son prolongement africain, le citronnier, l'oranger, le mandarinier, le cédratier et le merveilleux dattier.

Plus de la moitié des Français vivent spécialement des travaux agricoles : en France, 20 millions sur 38 millions d'habitants. Il est vrai que depuis quelques années ce nombre diminue à cause de l'émigration des campagnes vers la ville.

Le produit brut de l'agriculture dans notre

pays est d'environ 14 milliards, revenu d'un capital de 100 milliards de francs, représentés par la valeur des terres qui est d'environ 91 milliards, le bétail 6, le matériel agricole 1, les fumiers, engrais, semences 2.

Ces chiffres approximatifs tendent aussi à se modifier.

Une industrie aussi importante, qui entretient la vie de tout un pays, devrait être la préoccupation constante de tous ceux qui s'intéressent à la vie, à l'hygiène, à la richesse et à la grandeur d'une nation; car sauf la chasse et la pêche, l'homme ne se nourrit que des produits du sol, ce qu'on semble maintenant ignorer complètement dans les villes et dans les centres ouvriers. L'éducation même, que l'on donne aujourd'hui aux habitants des campagnes n'essaye nullement de lui faire comprendre que ce ne sont pas les gros salaires qu'ils toucheront à la ville qui leur donneront à manger, et qu'ils arriveraient bien plus sûrement à nourrir leur famille, plus ou moins nombreuse, armés d'une pioche et d'une pelle, ensemençant un ou plusieurs hectares de terre.

Il n'en est malheureusement pas ainsi, et *cette question agricole* qui devrait tenir la place la plus importante dans la grande question sociale, est pour ainsi dire passée sous silence; il n'en est nullement question dans les journaux quotidiens. C'est que dans la vie, ce ne sont pas des hommes de valeur et des choses vraiment intéressantes, dont on s'occupe le plus, mais des agités, des cabotins et des « gueulards » et il s'ensuit qu'un comité composé d'une demi-douzaine de grévistes, prêchant la grève, la journée de huit heures, la révolution sociale, le chambardement universel, soient une question beaucoup plus importante, pour un grand nombre de nos députés et farceurs, que la question agricole, qui, par sa nature, l'individualité, l'autonomie, la dispersion, la patience et la résignation des membres de la grande famille paysanne, n'attire nullement leur esprit superficiel.

Le champ d'étude est vaste cependant pour les hommes vraiment épris du bonheur de leurs semblables.

Mais, comme l'esprit de cabotinage, la réclame des faiseurs de boniments n'a pas chance de réussite près des paysans qui sont trop loin des planches de cafés-concerts et des boutiques de marchands d'orviétans, cette question est tenue à l'écart, ignorée même de nos cabotins politiques.

Ce n'est pas qu'ils ne se soient essayés dans ce genre, mais leur esprit de réclame a dominé toute la question, et sans essayer d'approfondir ce dont ils étaient peut-être incapables, ils ont voté tarifs de douane, primes à l'exportation et à certaines cultures pour *montrer aux agriculteurs* qu'ils s'occupaient d'eux.

Le petit cultivateur, petit propriétaire ou fermier qui exploite le sol en famille et qui, comme nous le verrons plus loin, est l'agriculteur qui pullule prospère et aura, dans l'avenir, chance de prospérer de plus en plus, celui qui doit être l'homme libre par excellence, que n'exploite et qui n'exploite personne, n'a aucun intérêt aux tarifs de douanes et aux primes d'exportation, son entreprise, sa propriété n'étant pas assez vaste pour ensemencer de nombreux hectares de blés ou de betteraves.

Il produit pour l'entretien de la famille, et ce n'est que l'excédent de sa récolte qui lui permet quelques économies ; il est donc *en général* beaucoup plus touché par les tarifs de douanes et les primes à l'exportation qu'il n'en bénéficie.

Ces primes aux sucriers, sont une charge de plus pour les impôts, tout en faisant payer à tous, agriculteurs, ouvriers et bourgeois le sucre plus cher ; elles ne sont d'aucun avantage pour l'agriculture et ne servent qu'à enrichir, au détriment des petits, le déjà très puissant capitaliste.

Ces primes ne sont pas à dédaigner puisqu'elles se sont élevées par années à plus de 40 millions, partagées entre cinq ou six gros sucriers.

Il est pourtant bien évident qu'un progrès quelconque en agriculture qui, par exemple, ferait produire, avec moins de travail 30, 40, 50 et même 60 hectolitres de froment à l'hectare au lieu de 15 ou 18, permettant à l'agriculteur de nourrir une plus nombreuse famille et une population double de celle de la France actuelle sans recourir au blé étranger ;

Que la sélection chez les vaches laitières pouvant arriver à doubler la quantité de lait et de beurre; chez les moutons, donner de plus belle laine et de meilleure chair; chez les gallinacés de plus beaux œufs, etc., etc.

Il est évident, dis-je, que cette augmentation dans la production, qu'une surproduction même si exploitée dans les thèses collectivistes, par les faiseurs de révolutions, qui ne voient en elles que chômage, diminution des salaires et misère des ouvriers, ne peuvent être ici qu'une augmentation de bien être, de richesse et de vie pour quiconque exploite intelligemment la terre.

Alors pourquoi le mineur dont l'estomac ne digère pas la houille s'entête-t-il bêtement, loin de la lumière *à piocher* dans la mine, quand des milliers d'hectares, en France, *en Corse,* en Algérie, en Tunisie, sont à fertiliser, sous un ciel radieux, dans un atmosphère où l'on respire l'oxygène à pleins poumons, au lieu d'acide carbonique; où l'on ne craint pas le grisou et ses terribles explosions, et qu'avec son même pic il ferait sortir de la terre, des récoltes suffisantes pour nourrir une nombreuse famille.

Pourquoi n'irait-il pas féconder ces terres vierges, qui attendent dans l'oubli, le moment de payer au centuple le labeur humain. Ecoutez ce que dit à ce sujet Onésime Reclus (1) parlant de notre

(1) *Nos Colonies*, p. 252, Hachette.

Algérie, Tunisie, qui pourrait nourrir 25 à 30 millions d'habitants alors que sa population est seulement de 3 à 4 millions. « Or, à surfaces égales, un bon et beau pays du sud, tel que notre Atlantide, peut élever plus d'habitants qu'un bel et bon pays du nord. Aux gens du septentrion, il faut quatre repas par jour, des viandes saignantes, des alcools pour raviver la flamme intérieure, des vêtements chauds, des maisons closes, de la houille et du bois. Ainsi le veulent la brume et la neige et la glace, et ce pâle soleil qui n'assiste point assez l'homme contre le froid, frère de la mort. Mais le méridional, puissamment aidé par l'astre qui le chauffe, le nourrit, l'égaie, vit d'un peu de pain, de quelques fruits, d'une gorgée de café ; à ce fils du soleil, la vigne et l'olivier suffisent ; ils lui donnent le nécessaire. Son luxe, c'est la nature en fête. Il lui faut peu de vêtements, peu ou point de demeure, car sous ces nobles climats le pauvre, quand il ne trouve pas une voûte, une arcade, un portail, dort dans son burnous ou son manteau, la tête sur une pierre, à la candeur des nuits argentées. »

Pourquoi le bimbelotier de luxe ou de jouets à bon marché reste-t-il dans sa mansarde ou dans son logis sordide, à fabriquer des souris roulantes, des Santos-Dumont dirigeables ou des agents cyclistes dont il ne saurait faire un salmis pour sa famille, et se désespère-il en constatant qu'il n'arrive pas à nourrir ses enfants, que la tuberculose, ce grand fléau des villes, guette inévitablement, tandis que quelques conseils et un peu d'aide, ferait de lui un homme heureux ayant des enfants bien portants et joyeux dans la campagne fertile.

Pourquoi l'avocat sans cause, le médecin sans clients, l'artiste peintre « purotin » s'exaspèrent-ils contre la société, tandis qu'eux-mêmes ou leurs pères et mères sont coupables de leur avoir enseigné une profession qui ne produisait pas la matière première du pot au feu.

Pourquoi le petit commerçant attend-il derrière sa vitrine comme une bête fauve guettant sa proie, le client qu'il essayera d'écorcher, tandis que toutes sortes de convoitises et d'idées noires jailliront en sa cervelle, alors que joyeux pâtre entonnant une chanson il pourrait surveiller ses troupeaux, — ou que chasseur, il gambaderait sur un cheval à travers la plaine ou le maquis.

Pourquoi continueraient-ils à donner au littérateur le tableau que voici :

« Ici, c'est la sombre demeure du dénuement et de la faim. On y voit errer, sans trêve ni repos les yeux suppliants ou courroucés, ceux et celles que l'atelier semble ne plus vouloir. Ceux-ci ont des bras solides pourtant ! et ils ne demandent qu'à les employer au service de quelqu'un. On ne serait pas mécontent d'eux, allez ! — Les doigts de celles-là sont habiles ; ils vont vite, ils courraient si agiles sur le travail et ils coûteraient si peu à qui les utiliserait ! — Depuis des semaines ces malheureuses créatures vont de porte en porte offrir leurs services. Les premiers jours soutenus par l'espoir, ayant dans la poche ce qui restait de la dernière paie, escomptant le crédit que le boulanger et l'épicier ne refuseront pas, on a fait, sans trop se plaindre le tour des ateliers et des usines. — Mais on a reçu partout la même agaçante réponse : « pas aujourd'hui, nous n'avons besoin de personne : dans quelques jours revenez et nous verrons ! » — Le sans travail est revenu et la réponse a été celle-ci : « pas encore, attendez ! — Cette parole résonne lugubrement. Attendre, attendre encore ! tandis que un à un, ces chers petits riens qu'il regardait comme toute sa fortune et qu'il avait si péniblement achetés s'en sont allés au Mont-de-Piété ! Attendre, et demain il faudra y porter ses dernières ressources ! attendre, et le boulanger réclame ce qui lui est dû et refuse le crédit ! attendre, et voici le terme et le propriétaire a parlé de vente et d'expulsion ! (1). »

Voilà non pas *l'extériorité* qui peut paraître caviable mais la vérité vraie de *plus de la moitié* des situations dans les capitales du monde. Ainsi quand Santos-Dumont alla dernièrement trouver le préfet de police, en lui disant qu'il remettait 50,000 francs entre ses mains pour retirer du Mont-du-Piété les instruments de travail, *les objets de toute nécessité* qui y avaient été déposés dans la semaine, il lui fut répondu, que c'était simplement

(1) Sébastien FAURE. — *La douleur universelle*.

une goutte d'eau dans la mer, attendu qu'il avait été avancé sur les objets de toute nécessité pour 7 à 8 millions de francs (1).

Cela ne vous dit-il rien, ô bien heureux cultivateurs !

O idylliques bergers corses !

Tandis que si nous retournons nos yeux vers la campagne nous pourrons, et *surtout nous pourrons* dans l'avenir, chanter encore avec Virgile.

(1) En mettant la moitié du prix gagné par lui, soit 50,000 francs, à la disposition de M. Lépine pour les pauvres de Paris, M. Santos-Dumont avait manifesté le désir que cette somme fût affectée au dégagement des objets de première nécessité engagés par des pauvres au Mont-de-Piété.

Quand on est allé aux informations pour donner satisfaction au désir de M. Santos-Dumont, on a dû constater que pour réaliser le vœu du donateur il ne faudrait pas moins de 8 millions.

Le problème de l'extinction du paupérisme serait-il aussi insoluble que celui de la quadrature du cercle ?

(*Le Français*, 18 Novembre 1901).

(O fortunatos nimium sua si bona norent
Agricolas !)

Oh ! combien trop heureux, les agriculteurs, s'ils connaissaient leur bonheur. Nous redirons avec l'historien et philosophe athénien Xénophon : « L'agriculture est la profession la plus facile à apprendre et la plus agréable à exercer ; elle embellit et fortifie le corps ; elle donne aux âmes le loisir de penser aux amis et à la « chose publique » ; elle enseigne le courage, la justice et l'hospitalité. »

Or, ce qui était vrai du temps des Grecs et des Romains, l'est encore aujourd'hui ; malheureusement la jobarderie humaine n'a pas de limite et l'homme crédule, mais jamais content de son sort, au lieu de rechercher son bonheur dans la simplicité et la facile frugalité champêtre, se laisse prendre par sa sotte ambition et l'appas du gain illusoire, comme des alouettes au miroir et vient sombrer dans les grandes villes au milieu des excitations maladives des névrosés en frut, cherchant dans l'extériorité des choses le bonheur qui n'est qu'en lui.

Des livres entiers ont été écrits pour dépeindre cet état d'âme et aujourd'hui on fait flotter au vent l'étendard de la Révolution sociale, on essaie d'exciter les passions humaines pour une question qui est bien simple.

Cependant tous les cultivateurs ne sont pas heureux.

Nous pouvons, en effet, diviser les cultivateurs en trois catégories, il n'y a pas que des idylles champêtres et la vie de privation que mènent un grand nombre d'entre eux explique cette attraction vers le luxe et *ce qui semble* cette vie facile des villes.

Il a le paysan pauvre, métayer, fermier ou tout petit propriétaire « dans les départements au climat inclément, au sol ingrat. » Il mène une existence frugale et laborieuse, et il faut voir, s'il arrive à économiser quelques sous, ce qu'ils lui ont coûté de sueurs et de privations.

Certes, il est un homme libre, autonome, indépendant, mais sa vie est autrement difficile que celle des salariés même de l'agriculture ou de l'industrie. Cependant il peut, plus facilement que le pauvre de la ville, élever une nombreuse famille.

Mais le cultivateur pourrait améliorer son sort. Il en a les moyens, il suffirait qu'il sache tirer parti de ses produits et les augmenter, chose facile. Puisqu'il lui manque une instruction générale et professionnelle, il faut la lui donner et lui indiquer le moyen d'améliorer ses produits et de les écouler avec facilité.

Voilà la rénovation sociale facile qui fera la fortune et le bonheur de tout un peuple.

La deuxième catégorie comprend ceux qui,

dans des pays plus riches, possèdent un certain capital qui leur permet (qu'ils soient fermiers ou petits propriétaires) de vivre aisément de leur travail et du produit de leurs champs.

Ils ont indépendance et bien-être, et leur sort est de beaucoup supérieur à la grande majorité des ouvriers des villes. Cependant on en voit beaucoup parmi ceux-ci qui cherchent à quitter les champs pour des positions qu'ils croient plus lucratives (professions libérales, industrie ou commerce) — et l'on voit alors les enfants dépenser avec une facilité surprenante les quelques sous qui avaient été accumulés avec tant de difficultés par les parents. Les exemples sont innombrables, nous en citerons quelques-uns un peu plus loin.

Ainsi prenez M. X... qui est docteur en médecine et fils de cultivateur, et qui, après avoir parcouru et l'Europe et l'Asie et l'Afrique, à la recherche de la fortune, s'en vient échouer dans son pays.

Il est probable que s'il avait déployé dans l'agriculture l'énergie et la connaissance qu'il a dépensées dans la médecine, il aurait aujourd'hui la fortune après laquelle il court encore.

Prenez tel autre, pharmacien, c'est la même histoire. — Et ce troisième qui vend sa petite propriété et qui s'en va à Paris, charcutier, coiffeur, boulanger, que l'on croit riche et dont nous voyons un jour le nom inscrit à la liste des faillis.

En troisième lieu, il y a les grands agriculteurs, comme on en voit dans la Beauce et dans la Brie, exploitant des fermes de plusieurs centaines d'hectares, avec des capitaux importants et un matériel agricole perfectionné; ou bien les grands viticulteurs, éleveurs, etc. Ils sont les plus heureux et les plus indépendants des hommes.

En général il est bien certain que le cultivateur est le plus indépendant des hommes. « Un employé de l'État, d'une Compagnie, l'ouvrier industriel ont leurs heures fixes de travail journalier. Quelques minutes de retard peuvent leur causer de graves désagréments, leur faire perdre leur place. Par un beau jour, tandis que l'ouvrier industriel et l'employé sont dans leur sombre atelier, dans l'impérieuse manufacture ou dans l'austère bureau, le laboureur s'en va, sans souci ni contrainte, la joie dans le cœur, resplendissant de santé et de force, faire son tour de promenade au bourg voisin où se tient une foire, où a lieu une fête quelconque.

« Et quel homme est plus heureux, quel tableau est aussi digne du pinceau d'un grand maître que celui du laboureur conduisant sa charrue? Le voyez-vous là-bas dans la vaste plaine au milieu des hautes herbes frôlées et caressées par les brises embaumées, activant tout doucement ses grands bœufs rouges. De sa voix mâle et sonore, il entonne le chant du pays natal. Alors son âme, loin des intrigues et des corruptions des masses, goûte un bonheur parfait !

« Parmi nos laboureurs, un bon nombre se font encore une fausse idée de leur condition, qu'il convient de dissiper. Ils considèrent leur profession comme avilissante. Ah ! braves gens, apprenez qu'il n'y a aucun métier déshonorant quand il vous fait vivre et qu'il est exercé honnêtement. Au contraire, le travail, sous quelque forme qu'il se traduise, est toujours noble et beau. Et s'il y avait quelque profession peu honorable, ce ne serait certes pas l'agriculture qui a été le premier métier des hommes et qui sera le dernier.

« Ce qui a pu jeter un peu de discrédit sur l'agriculture, c'est que son personnel, en général, n'était pas si instruit que celui des autres industries. *Mais maintenant, il n'en sera plus ainsi.* L'agriculture qui était simplement une « routine » transmise de père en fils, est devenue une science touchant de près ou de loin à toutes les autres ; de sorte que pour faire un bon agriculteur, il faut posséder une instruction variée et étendue (1) ».

(1) *L'Ami du Cultivateur et de l'Ouvrier.*

Les socialistes et la question agricole

Les socialistes se doutant qu'ils ne pourraient pas arriver à leur fameuse transformation sociale sans l'appoint des paysans, se sont épris tout à coup et momentanément de sollicitude pour eux. En 1867, il y eut une enquête parlementaire ; on en voit tout à coup surgir une autre en 1897.

Fidèles à leur rengaine, les socialistes ne devaient pas se tracasser l'esprit, pour approfondir si leurs théories collectivistes ou communistes pouvaient convenir ou plaire aux agriculteurs. La seule idée de *domination socialiste* (1) les hypnotisait et pour avoir *l'unité* (pourquoi l'unité), ils disaient :

« Le socialisme universel affirme à l'heure actuelle que pour émanciper les travailleurs, il n'y a aujourd'hui qu'une solution...

...Oui, il y a une conception commune, à laquelle ont abouti les socialistes de toutes les

(1) Malgré les protestations de Jaurès qui disait : (1 févr. 1902 *Petite République*). « Il a prouvé par là au monde, que loin d'être un parti de *Caporalisme*, il accueillait en lui-même toute la variété et toute la liberté de la pensée et de la vie ».

Il prouvait si peu son caporalisme, que Jaurès lui-même et son ami le socialiste italien Turati, étaient exclus comme il le dit lui-même dans le même article, d'un congrès socialiste se tenant à Lille, comme trop modérés.

écoles et de tous les pays : c'est qu'il n'y a qu'un moyen de libérer le prolétariat ; c'est, partout où il y a divorce, où il y a séparation de la propriété et du travail, de remplacer ce qu'on appelle le capital, c'est-à-dire la propriété privée des moyens de production par *la propriété sociale commune ou collective* des moyens de production. Et sans faiblesse, sans hésitation, sachant bien que cette formule générale saura bien *dans son unité* s'adapter à la diversité des conditions économiques, nous la proclamons pour le monde paysan comme pour le monde industriel. » (1)

En d'autres termes, la propriété individuelle est supprimée et les terres deviennent propriétés communales ou nationales. Personne ne peut plus dire ce champ est à moi, mais ce champ est propriété collective, ce champ, cette maison est à tout le monde.

Il n'y a plus de propriétaires petits ou grands, nous sommes tous locataires ou fermiers de cet impersonnel, insaisissable « tout le monde ». Voilà l'égalité révolutionnaire.

Et la conséquence, elle est tout de suite facile à comprendre : « la terre », le champ, n'étant pas comme ils le croient et le proclament sottement un vulgaire « instrument de travail » ; l'agriculteur « faisant le sol », ainsi que le dit Kropotkine lui-même — qui au moins s'est donné la peine d'étudier la question — si bien que dans des contrats

(1) JAURÈS, *Discours prononcés à la Chambre*, juin et juill., 97.

récents, des maraichers ont stipulé qu'ils emporteraient *leur sol avec eux*...

...Comme tous les travaux importants en agriculture sont loin d'être faits en vue d'un rapport annuel, mais ne doivent produire leur effet qu'à une époque plus ou moins éloignée, tels que plantations de vigne, d'arbres fruitiers, etc., que ces travaux généralement sont faits par les propriétaires ou sous leur direction : si l'agriculteur se dit qu'il n'est que le locataire communal, et qu'un jour ou l'autre un étranger, souvent un ennemi, bénéficiera de son travail et de ses plantations, alors je vous laisse à penser quels beaux progrès fera l'agriculture avec un tel système.

Aussi, malgré ces chatteries destinées aux paysans et cette répudiation du terme de *partageux*; les cultivateurs ne s'y trompent pas, et ce qu'ils se sont donnés tant de mal à produire ou à faire pousser, ils n'accepteront pas que d'autres en bénéficient. Que ce soit un sentiment très égoïste, c'est possible, mais ce qu'il y a de sûr, c'est que c'est un sentiment humain, or la révolution sociale ne transformera pas, ils le savent bien, les hommes en demi-dieux.

Abordant la question agricole d'autres socialistes s'écrient : « Des villes conquises la propagande de la démocratie socialiste déborde dans les campagnes; et là, en face de cette propriété paysanne dont on a voulu faire la limite de son action, la théorie économique du socialisme semble ébranlée jusqu'en ses fondements ; la grande propriété ne gagne que lentement du terrain sur la petite et n'en gagne pas partout... Le processus de socialisation serait-il inapplicable à l'agriculture, y aurait-il autonomie irréductible entre l'évolution agricole et l'évolution industrielle *et par là même la conception socialiste serait-elle insuffisante et inadmissible ?*

Ce que ces pauvres socialistes étudiant dans les mansardes des sixièmes ou des douzièmes étages de Paris ou de Chicago, comme des poulets élevés dans des épinettes et qui moureraient de faim, s'ils étaient lâchés tout à coup au milieu des champs de blé et d'avoine ne comprennent pas, parce que Karl Marx ne les conduit plus par la main, nous allons le leur expliquer le plus clairement possible et leur montrer qu'ils font faillite au point de vue de l'agriculture ; ce qui démontrera encore une fois de plus que la « conception socialiste » est non seulement insuffisante et inadmissible, mais encore foncièrement absurde.

Evidemment ces populations qui avaient déserté les campagnes, attirées dans les villes par l'appas des gros salaires, indiquaient déjà un état d'âme de mécontents. Les gros salaires ne devaient certes pas leur donner l'idéal bonheur, car leurs dépenses et surtout *leurs besoins* et *leur envie* devaient croître beaucoup plus rapidement. Elles étaient donc une proie tout indiquée pour les prometteurs de paradis, les exploiteurs de mécontents, et ceux-ci n'accomplissant pas leurs promesses, elles devaient se tourner aussitôt vers d'autres fumistes, boulangistes ou nationalistes.

Au fond du compte, dans leurs théories collectivistes et communistes les socialistes n'avaient compté que sur les gogos des villes, ouvriers industriels.

Ils avaient absolument oublié les campagnes et tout ce qui y touche de près ou de loin : ainsi, ils font de la réclame pour les pions, situation transitoire toujours assez payée, pour juges suppléants inutiles à 3,000 fr. ; mais ils ne s'occuperont nullement des instituteurs ruraux à 1,200 fr. (1), des juges de paix à 1,800 fr., qui ne touche effectivement que 144 fr. par mois.

Aussi le grand Elisée Reclus a-t-il pu dire avec juste raison :

« Et de nos jours encore, le « quatrième Etat » *oubliant les paysans*... ne court-il pas le risque de se considérer comme une classe distincte et de travailler non pour l'humanité, mais pour ses intérêts particuliers. »

Les socialistes ne comprennent donc rien à cette question agricole, parlent des paysans avec dédain.

« C'est d'arracher ces hommes et ces femmes à

(1) Les instituteurs sont logés, ce qui augmente leur traitement, mais les juge de paix, ne le sont pas. Si ces derniers, qui doivent être des hommes indépendants pour juger en toute liberté, n'ont pas une petite fortune personnelle, ils ne seront qu'un jouet entre les mains de l'autorité, ayant à peine de quoi vivre.

cet état de demi-inconscience, de passivité, de demi obscurité où ils languissent.

« Et peu nous importe que ces hommes, de longtemps encore, ne puissent nous entendre et nous suivre » (1).

Jaurès, cependant, doit avoir fait assez de biologie pour savoir que les lapins domestiques, les poulets élevés dans les épinettes sont inférieurs intellectuellement aux lapins de garennes et volailles qui courent les champs.

Il en est peut-être de même des citadins et des mineurs vis-à-vis des rustiques paysans ; c'est peut-être aussi parce que l'oxygène ne vient plus vivifier leur cerveau, organe de l'intelligence, qu'ils acceptent si facilement les bourdes socialistes.

Toutefois, leur idée fixe n'étant pas de rechercher la vérité, mais de vouloir supprimer la propriété individuelle, toutes les raisons bonnes ou mauvaises, ils les acceptent. « Certains socialistes ont voulu voir dans l'endettement du paysan l'élément révolutionnaire de l'agriculture. »

Et ils déclarent :

« Le moteur de la transformation agraire, ce sera l'industrie. Jadis unie et soumise à l'agriculture dans le ménage du paysan médieval, elle revient maintenant à cette même union, mais en maîtresse cette fois. L'agriculture est de nouveau dans une impasse dont elle ne peut sortir d'elle-

(1) Jaurès (loc. cit.).

même, tandis que l'évolution de la grande industrie conduit au socialisme : le prolétariat industriel, en se libérant, émancipera les paysans ; *il le faut* dans l'intérêt de la campagne et dans l'intérêt de l'unité, de l'harmonie de la société.

« Que sera l'agriculture socialiste ? à peine peut-on en discerner les éléments. La socialisation des grandes industries, des usines, des sucreries, transformera tout d'abord en *ouvriers sociaux* les paysans qui leur vendent actuellement leur travail ou leurs produits. Puis la socialisation de la rente foncière et la destruction du salariat permettra, au lieu de la grande exploitation qui occupe actuellement presque la moitié du sol, l'établissement de vastes *latifundia* socialistes, savamment exploités. » (1)

Quand on constate la prospérité de la petite et moyenne propriété exploitée *familialement*, qui donne à l'individu le maximum de libertés actuelles que l'homme peut espérer, on est mal venu de dire que l'avenir sera aux vastes *latifundia* socialistes. Il est bien certain que l'avenir n'est pas à la grande propriété capitaliste — qui de capitaliste qu'elle deviendrait, serait ensuite socialisée par la révolution, par la raison bien simple que la grande exploitation ne sera jamais proportionnellement aussi productive que la petite.

De plus, quand on constate ce *fanatisme de*

(1) Karl Kautsky (Analyse de Marcel Landrieux).

la propriété et que l'on comprend que si les cultivateurs tiennent tant à leur propriété, c'est qu'elle leur assure un minimum d'indépendance sociale ; que l'on voit les petites propriétés augmenter en nombre — quoique étant d'un prix plus élevé, relativement que celui des grandes ; — celles de 5 à 20 hectares, exploitées *familialement* augmenter aussi et prospérer « ce qui fait la joie du conservateur » ;

On devrait chercher la cause (de ce fanatisme) et considérer que cette propriété individuelle est un gage d'indépendance et de liberté. (1)

Si l'on déserte les campagnes, si les paysans — comme le disait dernièrement un instituteur de l'arrondissement de Sens — sont attirés vers la ville comme par une *sorte de mirage*, c'est qu'il y a des raisons.

Tout semble fait aujourd'hui pour canaliser les jeunes intelligences vers la ville, les plaisirs faciles, les femmes ensorceleuses marchandes d'amour, et ces illusions, sublimes il est vrai, que

(1) L'église chrétienne primitive fit de la communauté presque un dogme, mais bientôt le monde laïque lui échappa. Le régime communiste n'existe plus aujourd'hui que dans les couvents et chez les Moraves. Il n'y en a plus depuis que Cabet a essayé au Texas de réaliser son utopie icarienne.

L'exploitation du sol, par indivis, peut se faire en famille ;

le provincial ressent, quand il tombe dans la capitale, au milieu des féeries et des pavoisements de foires internationales comme Paris seul sait en organiser.

Mais ce paradis illusoire, bien que momentané a produit son effet et un certain nombre de ceux que les trains de plaisir ont déversé sur la capitale quitteront à tout jamais leurs champs monotones, croyant jouir dans l'avenir de ces féeries entrevues, comme dans un songe.

Et les femmes étourdies et coquettes, qui rêvent de ces bazars immenses s'offrant à leurs yeux avides, seront encore plus prises de cette folie des villes.

c'est la meilleure, mais elle s'évanouit rapidement. L'homme en vertu de sa personnalité tend à son indépendance, et le jour où le jeune homme songe à former à son tour une nouvelle famille... La communauté est à son plus haut degré de concentration dans la famille, à partir de là, elle brise son cadre et n'existe bientôt plus que par rapport de voisinage. Partout et toujours la liberté s'est soulevée contre le communisme, qui n'a jamais put s'établir que sur une petite échelle. La plus grande communauté qui ait existé, celle de Sparte, était fondée sur l'esclavage et la guerre.

Le droit de propriété appartint d'abord aux nobles ; ce n'est que plus tard que les plébéiens obtinrent cette possession, à laquelle le patriarcat dut s'opposer de toutes ses forces. Mais les plébéiens se dirent, nous aussi nous voulons être libres, nous aussi nous entendons ne dépendre que de la loi ; nous aussi nous *revendiquons les droits de la terre* comme nous avons revendiqué le droit à la famille...

La demande était juste et la victoire du peuple ne fut pas douteuse.

On donna au peuple, à chaque citoyen pauvre, sept *jugera*, (environ deux hectares de terre).

La propriété est égoïste, elle n'a de préférence pour aucun gouvernement, et partout elle a été la même. Ce qu'elle veut, c'est que l'état soit sa chose, que le gouvernement marche par elle, et

Pour comble de malheur, ouvrez un journal amusant quelconque et vous trouverez un esthète nouveau genre, un chansonnier décadent de Montmartre ou des Batignolles, de la Courtille ou de Belleville, faisant de l'esprit à tant la ligne, et vous pouvez être sûr que c'est le paysan rustique, avec sa blouse et ses gros sabots qui en fera les frais.

Vous n'irez pas au café-concert sans qu'on vous serve la vieille rangaine, le jeune pioupiou godiche arrivant de sa campagne.

Et ce ne sera pas en vain, car ils auront appris *à tous* à dédaigner le paysan, et l'instituteur

pour elle, à son plaisir et bénéfice ; que le gouvernement soit sa créature et son esclave, sinon il périra. Aucune puissance ne tient devant elle, aucune dynastie n'est sacrée, aucune constitution inviolable. Il faut que la propriété règne et gouverne à sa guise. On sait comment s'est opérée la Révolution française : vente et mobilisation d'un tiers du territoire à titre de propriété allodiale : *voilà ce qui a fait de la France une démocratie*, le contraire de l'Angleterre qui est une royauté aristocratique et bourgeoise, par sa propriété. En 1830, c'est la propriété qui fait tomber Charles X ; en 1848, c'est elle qui fait tomber Louis-Philippe. La petite propriété, unie à quelques hommes du peuple, acclame la République, mais la grande propriété reprend conscience de sa force, reparaît bientôt et se débarrasse de la République. La plèbe n'ayant rien, la démocratie reposait sur le néant. Le coup d'Etat de décembre comme celui de brumaire, a réussi par l'appui de la grande propriété.

Au contraire, si l'on étudie la possession du fief on aboutira à trouver des résultats opposés. C'est la propriété qui fit la liberté : voilà pourquoi tout gouvernement, *toute utopie*, toute église se méfient de la propriété.

Toutes ces considérations recueillies, nous pouvons conclure : la propriété est la plus grande force révolutionnaire qui existe et qui se puisse opposer au pouvoir.

chargé d'instruire les enfants sera du nombre. C'est donc avec dédain que dans son fort intérieur il considérera le cultivateur — *bécher la terre — garder les vaches* — lui apparaissant comme une chose vile, il n'aura qu'une idée : dès qu'un de ses élèves fera montre d'un peu d'intelligence, le sortir de ce milieu rustique pour le *pousser* au collège, au lycée, etc., obtenir une bourse, la fameuse bourse, le porter en triomphe, lui faire passer des examens, faire de lui un rond de cuir, un avocat, un médecin, un licencié, un agrégé, comme si nous n'en étions pas débordés de *ces diplômés qui crèvent la faim* attendant que les carottes poussent toutes seules sur le trottoir, espérant — ô pauvres diplômés, infatués de pédagogie, plutôt que riches en intelligence — qu'un Berthelot de l'avenir trouvera la tablette minuscule pour remplacer les aliments actuels, sans penser que notre humanité privée alors de besoins tomberait aussitôt en enfance.

Aussi, dans ces jeunes cerveaux, ce dédain du campagnard fera-t-il des progrès constants et quand on créera des écoles primaires supérieures comme à Sens, que l'on me citait dernièrement, on verra que pas un des élèves garçons ou filles qui cependant sont enfants de cultivateurs aisés et pourraient *avantageusement* continuer l'agriculture avec de la science et des méthodes nouvelles, pas un, vous dis-je, ne continuera la profession des parents.

Les garçons, pour les raisons que nous avons citées plus haut, accoureront vers la capitale, se faire rond de cuir ou employés de commerce.

Les filles, afin de porter chapeau et d'avoir les mains blanches, rêveront mariage avec un citadin quelconque, crève-la-faim portant haute-forme et redingote.

Et comment voulez-vous qu'il en soit autrement, quand dans ce même département devenu célèbre désormais par son « piou-piou », vous voyez une école d'agriculture comme celle de La Brosse, destinée à créer spécialement des agriculteurs instruits, ne *produire que des candidats* au titre de professeur d'agriculture ; c'est-à-dire à l'heure présente créer de jeunes rentiers.

Pourtant, cet exode devra cesser, sans quoi, l'humanité qui ne se nourrit que des produits du sol serait réduite à la famine ; et que ce soit pacifiquement en suivant le cours que nous proposons, ou bien par l'intermédiaire de la Révolution sociale, ainsi que le décrit Kropotkine, il faudra quand même, cesser d'être dans la lune comme tous les socialistes actuels, et en revenir à notre planète.

Voici comment Kropotkine nous dépeint l'agriculture de demain, quand la déesse Révolution d'un coup de baguette magique aura tout à coup transformé l'humanité.

« Chaque fois que l'on parle d'agriculture, on s'imagine toujours le paysan courbé sur la charrue, jetant au hasard dans le sol un blé mal trié et attendant avec angoisse ce que la saison bonne ou mauvaise lui rapportera. On voit une famille travaillant du matin au soir et n'ayant pour toute récompense qu'un grabat, du pain sec et une aigre boisson. On voit, en un mot, « la bête fauve de La Bruyère. »

« L'agriculteur d'aujourd'hui a des idées plus larges, des conceptions bien autrement grandioses. Il ne demande qu'une fraction d'hectare pour faire croître toute la nourriture végétale d'une famille ; pour nourrir vingt-cinq bêtes à cornes, il ne lui faut pas plus d'espace qu'autrefois pour en nourrir une seule ; il veut en arriver à faire le sol ; à défier les saisons et les climats ; à chauffer l'air et la terre autour de la jeune plante ; à produire en un mot sur un hectare ce que l'on ne réussissait pas autrefois à récolter sur cinquante hectares, et cela sans se fatiguer à outrance, en réduisant de beaucoup la somme totale du travail antérieur. Il prétend qu'on pourra produire amplement de quoi nourrir tout le monde, en ne donnant à la culture des champs que juste ce que chacun peut lui donner avec plaisir, avec joie.

« A quoi s'emploieront, en effet, ces centaines de mille travailleurs qui s'asphyxient aujourd'hui dans les petits ateliers et les manufactures, le jour où ils reprendront leur liberté ? Continueront-ils, après la révolution comme avant, à s'enfermer dans les usines ? Continueront-ils à faire de la bimbeloterie de luxe pour l'exportation, alors qu'ils verront peut-être le blé s'épuiser, la viande devenir rare, les légumes disparaître sans être remplacés ?

« Evidemment non ! Ils sortiront de la cité, ils iront dans les champs ! Aidés de la machine qui permettra aux plus faibles d'entre nous de donner leur coup d'épaule, ils porteront la révolution dans la culture d'un passé esclave, comme ils l'auront portée dans les institutions et dans les idées.

« Ici, des centaines d'hectares se couvriront de verdure, et l'homme et la femme aux doigts délicats soigneront les jeunes plantes. Là, d'autres centaines d'hectares seront labourées au défonceur à vapeur, amendées par des engrais ou enrichies d'un sol artificiel obtenu par la pulvérisation de la roche. Les légions joyeuses de laboureurs d'occasion couvriront ces hectares de moissons, guidés dans leur travail et leurs expériences, en partie par ceux qui connaissent l'agriculture, mais surtout par l'esprit, grand et pratique d'un peuple réveillé d'un long sommeil et qu'éclaire et dirige ce phare lumineux — le bonheur de tous.

Dans plusieurs circonstances, nous avons parlé du cercle vicieux dans lequel nous conduisait le *socialisme* et nous avons donné l'explication la plus claire que nous trouvions à ce moment ; mais nous sentions qu'il devait y en avoir une plus nette, plus claire, plus précise.

Comme nous l'avons dit au début de notre livre, il ne s'agit ici que de la France. Nous ne nous occupons pas du tout de ce qui se passe chez *Vandervelde*.

La population française, depuis 50 à 60 ans, depuis la création des chemins de fer, est restée à peu près stationnaire.

Sur cette population, prenons 1.000, 10.000, 1 million d'habitants, les 38 millions même ; mais pour la facilité du raisonnement, contentons-nous de mille (le raisonnement serait le même sur les 38 millions). Et constatons que la population des villes a doublé depuis cette époque tandis que la population totale n'a pas augmenté. Sur 1.000 habitants il y en avait donc 250 vivant des professions et métiers de la ville et 750 du travail des champs. La fortune pouvait se repartir ainsi :

Supposons un revenu, un produit en numéraire d'environ 1500 mille francs pour 1.000 habitants, ce qui ferait à chacun 1500 francs, s'il y avait égalité dans les produits ; mais étant donné l'inégalité forcée (comme nous l'avons démontré ailleurs), des richesses ou salaires examinons-les tels qu'ils pouvaient être à peu près répartis. La vie à la campagne était à peu de choses près ce qu'elle est aujourd'hui. Or, si nous donnons aux cultivateurs un produit de 500 de numéraire par tête, c'est une bonne moyenne pour les paysans de pays assez riches, je prends pour exemple mon arrondissement de Baugé

(Maine-et-Loire), qui est certainement dans la bonne moyenne des pays agricoles riches en France. Cela fait pour une famille paysanne composée de quatre membres, un numéraire de 2.000 fr. et certes *la moyenne* des recettes dans les familles agricoles de mon pays *n'est pas plus élevée*; là-dessus ils ont à payer, loyer, fermage, impôts, vêtements, etc...

Cela peut paraître surprenant à un citadin; mais il faut qu'il sache que le cultivateur produit les substances nécessaires à son alimentation, tandis que le parisien les achète; qu'il ramasse dans les arbres, les haies ou les taillis, le bois qui le chauffe et qu'il ne se met pas en frais d'habillement.

Or, 500 fr. pour 750 habitants font 375.000 fr.; pour plus de commodité, mettons 500.000.

Il restait donc 1 million pour les 250 habitants des villes, ce qui faisait à chacun 4.000 francs de ressources; avec — l'inégalité sociale — des revenus de deux, quatre, six, dix, vingt, quarante, cent mille francs, pour ces habitants répartis en quelques rentiers, des commerçants aux affaires prospères, des avocats, ingénieurs, architectes, quelques boutiquiers et un certain nombre d'ouvriers.

Or, les chemins de fer sont venus et avec eux la facilité des transports.

Les journaux et les journalistes ont répandu leur critique, leurs plaisanteries ridicules.

Une instruction mal comprise, par des maîtres qui n'étaient pas ce que doit être l'instituteur rural.

L'attrait des gros salaires, les plaisirs faciles, *l'or que l'on voyait rouler à pleines mains* dans celles des parisiens ; enfin toute la lyre.

Et les campagnards, émerveillés, ont pris le train, et les Corses aussi sont accourus avec enthousiasme : « Ainsi l'enquête agricole de 1866, conduite par le député Abattucci, ayant posé cette question (*Pour la Corse*). »

Quelles sont les causes qui éloignent la population des travaux agricoles ?

La Société d'agriculture de Sartène répondit :

« La diffusion de l'instruction et une ambition démesurée » (1).

Alors la population des campagnes a diminué tandis que celle des villes augmentait ; et il arriva ceci : Que les citadins sont aujourd'hui aussi nombreux que les campagnards ; où il y en avait 250, il y en a aujourd'hui 500.

Leurs ressources n'ont pas augmenté, elles auraient plutôt diminué puisqu'il n'y a plus que 500 paysans acheteurs au lieu de 750. Le numéraire a augmenté, me direz-vous, mais étant donné que la valeur de l'argent a diminué, que le prix des denrées, des impôts, les besoins de dépenses se sont accrus, cette augmentation de numéraires n'a pu, pour beaucoup (les petits rentiers par exemple), que diminuer leurs ressources

(1) Paul Bourde, loc. cit.

puisque l'intérêt de l'argent et des fermages diminuait tandis que leurs dépenses augmentaient.

Il s'est donc présenté ce fait que dans les postes enviés, chez les commerçants qui faisaient des affaires, il est venu s'installer *deux ou trois* professionnels, où il n'y en avait *qu'un*. Les revenus se sont divisés plus qu'ils ne pouvaient l'être.

S'ils fussent restés à la campagne, cultivant la terre, il n'y aurait eu aucun malaise, car ils continuaient à produire les substances nécessaires à leur alimentation ; mais venant à la ville, ils venaient partager, avec les citadins, les salaires ou les produits qui allaient alors devenir insuffisants pour les nourrir, les chauffer et les vêtir.

Et qu'on ne vienne pas dire, avec les socialistes, augmentons les salaires, car alors nouvelle immigration, par conséquent nouvelle gêne.

Aussi entendez-vous tous les boutiquiers, sans exception, crier famine.

De plus, on a augmenté *démesurément* le nombre des fonctionnaires, véritables parasites vivant des impôts et patentés, payés par ceux qui font preuve d'initiative privée. Les impôts sont devenus formidables, et bien que les orateurs gouvernementaux aient essayé (erreur volontaire ou inconsciente) de démontrer que la richesse de la France a augmenté dans la même progression que les impôts, il s'en est suivi une *gêne considérable* que tout le monde ressent et qu'il faut être *aveugle volontaire* pour ne pas voir.

Le remède est facile à comprendre : il faut que cet exode cesse, diminuer le nombre des fonctionnaires, le chiffre des impôts. Enfin, favoriser l'Agriculture que nous devons glorifier, afin que les habitants des villes et des campagnes reprennent la proportion normale (1).

Il ressort donc clairement qu'il y a une question agricole et que les socialistes, sentant les besoins et les désirs des « agricoles », mais ne les comprenant pas bien, essaient vis-à-vis d'eux de leur propagande, afin de pêcher en eau trouble.

Heureusement pour le bien public que leurs théories ne conviennent nullement aux paysans de France.

Cette question, comme nous l'avons vu, est surtout une grande question morale, d'éducation et d'instruction. Nous avons cité cette attraction vers les plaisirs factices de la ville ? ce mirage dont me parlait cet instituteur de l'Yonne ; ces plaisanteries ridicules que de petits cerveaux dépourvus d'esprit, essayent sur les rustiques paysans ; mais nous pensons que tout ce discrédit

(1) Je vois la réponse des collectivistes : Établissons le communisme ; mais je les renvois à mon chapitre à ce sujet. D'ailleurs, ce n'est pas leurs opinions dédaigneuses des choses agricoles qui nous donneraient des agriculteurs. Personne ne voudrait plus *bêcher la terre*, même au défonceur électrique ; ce n'est pas la fille de mon concierge, qui joue du piano et flirte avec un grand chef socialiste, qui se décidera jamais « *de ses doigts delicats* », quoi qu'en dise Kropotkine, à faire la soupe aux cochons.

Alors, pauvre humanité, de quoi vivrais-tu ?

qui fait la vogue actuelle du socialisme, ne sera que passagère et de même qu'à certaines époques, l'agriculture fut prospère, elle redeviendra dans l'avenir florissante et ce ne sera pas en vain qu'on pourra répéter le beau vers de Virgile :

O fortunatos nimium sua si bona norent
Agricolas!

Les milliers d'exemples que l'on pourrait citer devraient pourtant donner à réfléchir à ces illusionnés qui vont s'engouffrer dans les capitales.

Les Corses et la question agricole

Au mois de septembre dernier 1901, je cheminais à travers la Corse, admirant les beautés naturelles et les sites merveilleux, quand l'occasion s'offrit à moi de voir quelques types de bandits (1).

Calvi, est paraît-il un heureux coin de la Corse où n'existe qu'exceptionnellement le bandit. Hâtons-nous d'ailleurs de dire que le bandit Corse n'est pas ce qu'un vain continental pense ; là-bas, c'est le gendarme qui crée le bandit. Vous pourriez vous promener la nuit dans les sentiers les plus obscurs, couvert d'or ou de bijoux, vous ne trouverez pas un maraudeur pour vous voler ; comme à Jersey, où s'enfuient nombre de banqueroutiers, le vol est inconnu. Vous ne rencontrerez pas un mendiant, le Corse ne tend pas la main. Par contre, pour une querelle de famille, pour une vendetta quelconque il vous tranche la tête d'un coup de serpe ; mais, comme c'est entre familles, cela ne regarde personne. C'est un caractère des

(1) Ce voyage que je faisais dans un but d'études sociales, fut pour moi très fertile en documents.

mœurs du pays, qui tend à disparaître cependant (1).

Grâce à l'obligeance du juge d'instruction, M. Colonna, et du si sympathique sous-préfet, M. Victor Grec, je visitai la prison.

Dans la pièce où se tenaient les hommes, ils étaient quatre :

Deux grands gaillards cultivateurs étaient là pour avoir tranché la tête d'un troisième — à coup de serpe, bien entendu — qui était venu leur chercher querelle, prétendant que c'était son tour de cultiver certain champ, qu'il avait déjà ensemencé quelques années auparavant ; à quoi les autres répondaient : que l'ayant possédé l'année précédente, ils avaient l'intention de continuer. La querelle s'était envenimée, et pour mettre fin à cette dispute à propos d'une *propriété collective ou communale*, il y eut une tête tranchée violemment.

Il est bien évident que si, au lieu d'être propriété collective ou communale, la propriété eut été individuelle et bien délimitée,, la discussion n'aurait pas eu lieu.

Les deux pauvres diables, qui ne semblaient pas méchants du tout, avaient l'air consternés ; ils racontaient cela comme s'ils avaient été acca-

(1) « Du reste, à mesure qu'on connaît mieux la Corse, on constate qu'elle est restée de mille manières, la prisonnière du passé. Elle est enfermée dans ses vieilles mœurs si étrangères à l'ordre moderne, comme elle est enfermée dans ses vieilles maisons si bien faites pour la guerre et *si peu pour les paisibles travaux des champs.* »

(*En Corse*, Paul BOURDE) Calmann Lévy, édit.

blés par la fatalité. Des Turcs auraient dit : « C'était écrit ».

Et je pensais : « Voilà, ô Jaurès, ô Viviani, les beautés de la propriété collectiviste ! ».

Il est nécessaire de donner quelques explications. En Corse, où la culture est encore très primitive et où l'instruction agricole a, beaucoup plus qu'en France, le besoin d'être créée, et de plus stimulée par la création de centres de colonisation, comme nous en parlerons au chapitre suivant, il y a d'immenses terrains qui sont propriétés collectives communales.

Pratiquant le collectivisme à leur façon, les Corses labourent ces champs à tour de rôle, il faut voir de quelle façon. Pour éviter de fumer leurs terres, ne sachant pas en général ce que c'est que le fumier, ils ne cultivent certains champs que tous les trois ans, les laissant en jachères, et se contentant, comme fumure, de brûler les herbes et les plantes qui ont poussé dans l'intervalle. Comme ces terres incultes sont extrêmement nombreuses, il y en a qui ne sont cultivées qu'une fois tous les dix ou vingt-cinq ans. C'est ce qui explique qu'il peut se trouver une année deux personnes ayant jeté leur dévolu sur une même parcelle de terre.

Les deux autres prisonniers n'ont rien à faire ici. Un guet-apens, une tête enlevée d'un coup de serpe, puis un ravisseur de seize ans d'une fille de quatorze.

Mais le plus important pour la cause qui nous occupe fut celui d'une paysanne mariée, qui avait lardé de deux coups de couteau, un dimanche, sur la place du village, un jeune homme qui avait eu le tort de se vanter d'avoir fait avec elle la bagatelle.

Qu'était cette paysanne ? Femme de berger. De quoi vivait elle ? Du produit d'un troupeau de quatre-vingts chèvres.

Sur le moment, ce chiffre ne me dit rien, ce n'est que dans la suite, après certaines discussions que je me livrai à ce petit calcul.

Une chèvre donne du lait pendant environ huit mois de l'année, c'est-à-dire 244 jours ; elle donne deux litres de lait en moyenne, vendus sur place à 0 fr. 25 le litre aux fromageries de roquefort qui s'y sont installées, ce qui donne un produit de 0 fr. 50 centimes par chèvre en un jour, soit : $\frac{244}{2}$ = 122 fr. par an, et quatre-vingts chèvres, 122 × 80 = 9,760 fr. par an, c'est-à-dire un traitement supérieur à celui de député, à ce fameux prototype à 25 fr. par jour.

Et je me souviens, en comparaison avec ce fait, d'un charmant compagnon de voyage d'Ajaccio à Corte qui, dans le train, me faisait remarquer les merveilleuses montagnes. Il descendit à la station de Vizzavona, site admirable, le Davoplatz de la Corse où plusieurs hôtels très confortables, merveilleusement placés dans la montagne, au milieu des plantes odoriférantes, ont été construits à côté du châlet du préfet. Puis il revint avec un morceau de pain et du fromage de chèvre qu'il se mit à manger à belles dents, me disant : « jamais monsieur, je n'ai mangé de bon fromage que dans mon pays, ce fromage est délicieux, j'en ferais facilement mon frugal repas de tous les jours. »

« Et ce pain Corse.

« Et cette eau limpide et claire qui descend de la montagne, voilà qui n'est pas frelaté comme ce vin de Paris, comme cette eau boueuse et microbienne qu'absorbent les parisiens : celle-ci, diaphane et vierge de toute contamination guérirait les gastralgies les plus rebelles des citadins. Regardez-là, là-bas, tomber en cascade, rien que de la voir vous donne envie de la goûter. »

Effectivement j'allai à la chute d'eau qui tombait en fracas, remplir une gourde, souvenir d'Ajaccio et je la mis à la disposition de mon compagnon Cet homme fut heureux, un instant du moins.

Or, je songe que cet admirateur de son pays natal, *mène à Paris une existence misérable, dénuée de tout* plaisir avec un traitement de 15 à 1800 francs par an, adjudant rengagé à la caserne de l'École militaire, tandis qu'il pourrait vivre berger dans ses montagnes, se faisant dix mille francs de rentes en menant cette vie anarchique et libertaire que Sébastien Faure réclame.

Et combien de Corses semblables à lui « végètent obscurément dans les bureaux, qui possèdent des kilomètres d'une terre fertile, laissée inculte (1). »

Et je songe aux *quelques pions Corses* que j'ai vu au lycée de Tours en 1883-84 et que je revois *encore pions* ici à Paris, se syndiquant pour obtenir du ministre, avec l'aide de Jaurès, une augmentation de traitement afin de pouvoir entretenir en concubinage dans un hôtel de la rue Cujas ou des Carmes, une catin du boulevard, n'ayant pour idéal et pour avenir que de *mourir pions.*

O, bienheureux bergers ! et je me souviens que le docteur Ramaroni, de Bastia, pour me montrer leur supériorité, me dit qu'il avait fait beaucoup d'autopsies, mais qu'il n'avait jamais vu qu'un seul estomac normal, l'estomac physiologique décrit par Cruveilhier ; c'était celui d'un berger corse.

Malheureusement les Corses sont encore pires que les banlieusards parisiens, ils ne veulent plus garder les chèvres, ils aspirent plutôt à garder les prisonniers, même à Cayenne (lisez le livre des frères Rorique), à être gardes chiourmes, gendarmes ou gardes-champêtres sur le continent. La mode, il n'y a que cela, *la folie de la bureaucratie* se répand jusqu'au fond du maquis, et comme ils ont des députés extrêmement aimables et influents, témoin le si hospitalier monsieur Malaspina en son château de Belgodère, ils demandent

(1) Paul Bourde, loc. cit.)

et obtiennnent des quantités de postes du gouvernement et des rubans violets à profusion.

Aussi l'agriculture est-elle délaissée, et nombreuses sont les petites propriétés de 12 à 15 hectares, très bien situées et d'une fertilité surprenante, qui sont à vendre pour presque rien, tandis que leurs propriétaires ont obtenu sur le continent un poste de facteur rural ou d'employé des postes. Dans le même ordre d'idées, on voit à Calvi une pépinière *absolument vierge de plants d'arbres fruitiers*, et le gouvernement sert à *son administrateur* trois mille francs de rentes.

Ces choses paraissent extraordinaires pour un Continental, il ne peut croire les récits qu'on lui en fait. Heureusement pour moi j'ai trouvé dans un livre sur la Corse de M. Paul Bourde, les mêmes impressions et l'explication de ce dédain de l'agriculture. « Jusqu'à la fin du siècle dernier, les Corses ont vécu dans un état de guerre perpétuelle. Porter les armes, prendre part à la vie publique sans cesse agitée de l'Ile, étaient les seules occupations honorables pour un homme. Les travaux manuels étaient abandonnés aux femmes et aux domestiques..... Quinze mille ouvriers italiens que l'on désigne sous le nom de Lucquois, bien qu'il en vienne de diverses provinces, arrivent à l'automne à Bastia et se répandent dans l'Ile, où, jusqu'au mois de mai ils font les grands travaux de défoncement et de remuement des terres..... Presque tous les villages ont une belle place où les habitants passent la meilleure partie de leur vie à « causer politique », expression dont je vous expliquerai tout à l'heure le sens..... Si vous vouliez persuader à ces gens qu'ils se trouveraient mieux d'une vie plus laborieuse, ils pourraient vous répondre que chacun est libre d'entendre le bonheur à sa façon, mais il est probable qu'ils se contenteraient de vous demander : Nous prenez-vous pour des Lucquois? » (1).

Et pourtant, les Calvais devraient bien prendre modèle sur leur Maire, M. Puccinelli, le seul, l'unique, qui se livre là-bas à l'agriculture moderne, faisant sortir de ce sol extrêmement fertile de merveilleux fruits. Son exploitation, au fond de la baie de Calvi, est merveilleusement agencée et c'est sur ce modèle qu'il faudra calquer, quand on voudra répandre l'agriculture en Corse. Les orangers, les mandariniers, les citronniers, les cédratiers, les amandiers, les jujubiers, les capriers, etc..... J'y ai tout vu et tout admiré sous la direction du si aimable propriétaire ; j'y ai vu des grappes de raisin longues de près de 50 centimètres, de l'alicante aux grains comme des œufs de pigeon, au goût exquis, qu'il conserve sur les ceps jusqu'aux mois de janvier et février et qu'il expédie alors à Nice.

Monsieur le Ministre de l'Agriculture, allez voir la propriété du Maire de Calvi, et après avoir

(1) En Corse (Paul Bourde).

admiré ce paradis terrestre qu'il a su créer de toutes pièces, *vous le donnerez en exemple à tous les Corses, en le décorant de la Légion d'honneur* (1).

(1) Ces décorations que je réclame, semblent en contradiction avec l'idée que j'ai émise au chapitre précédent, de la suppression des décorations civiles.

Non !

Car, tant qu'il y aura des décorations civiles, il vaut mieux les accorder à des hommes ayant réellement fait ou produit quelque chose qu'à des jeunes ronds de cuir, fils d'archevêques ou lécheurs de crême.

Les remèdes que nous proposons

Eh bien, sont-ils assez fous, tous ces jeunes gens, comme nous en voyons des milliers et des milliers, dont les noms sont au bout de ma plume, et qui viennent s'encaserner à Paris, coiffeurs, charcutiers, boulangers, cuisiniers, épiciers, fruitiers, boutiquiers quelconques, avec *l'idée obsédante* d'y faire fortune, tandis qu'un si beau rêve, un si bel idéal, des richesses et un bonheur si facile s'offrent à eux.

C'est ainsi qu'on me cite qu'à Courlon, dans l'Yonne, *un pays agricole riche* : cette année, au tirage au sort, il n'y avait pas un jeune homme habitant le pays ; tous avaient émigré sur la Capitale, y cherchant un petit emploi.

S'il ne faut pas une révolution sociale pour changer tout cela, il faut du moins une révolution dans les esprits et dans l'enseignement des campagnes. Il faut que nos ministres soient des novateurs épris du bien public, au lieu d'être de beaux parleurs, essayant dans une stratégie plus ou moins savamment combinée, de conserver une majorité.

Les moyens ne sont pas révolutionnaires, ils

sont simples et faciles et les générations à venir regarderont comme des bienfaiteurs ceux qui pourront amener cette *rénovation sociale.*

Dans ce but, il faut créer un *grand mouvement* en faveur de l'agriculture.

Il faut que nos députés qui représentent les campagnes et qui doivent être à la Chambre la grande majorité, puisque la population agricole en France est le plus grand nombre, cessent, dans un *esprit de réclame absurde*, et qui, je l'espère, se retournera bientôt contre ceux qui voudront s'en servir, de faire le jeu des ouvriers des villes et des centres industriels, créant ainsi ce phénoménal cercle vicieux dont nous avons parlé, n'arrivant, au fond du compte, qu'à faire le malheur et à mécontenter ces mêmes ouvriers. — (Exemple : les dernières élections de Paris et de Roubaix).

Il faut que les électeurs, qui sont remplis de bon sens, se disent que cette augmentation des salaires, ces retraites ouvrières, ne seront produites que par des *impôts nouveaux*, et que ces impôts dont nous « *crevons* » déjà créeront de nouvelles misères.

Il faut que les *électeurs ruraux* crient une bonne fois à ces charlatants idiots : « Assez d'impôts, assez d'alouettes qui, à Paris, à Roubaix, à Montceaux-les-Mines, doivent tomber toutes rôties dans les estomacs des ouvriers ; que ceux qui ne sont pas satisfaits de leur sort fassent comme nous ; qu'ils prennent une pioche et une pelle, et qu'ils aillent fertiliser les milliers d'hectares de terres vierges ou en jachères de la France, de la Corse, de l'Algérie, de la Tunisie. »

Et les députés fumistes comprendront alors que les électeurs ne sont plus des enfants, et qu'ils en ont assez des boniments.

Mais puisque jusqu'ici on s'est occupé de dépenser des millions pour embellir les villes, il serait temps que l'on s'occupât aussi d'embellir les habitations des campagnes.

Il faudrait cesser de traiter les agriculteurs en « primitifs » et en parias, et leur offrir des plaisirs qu'on ne trouve qu'à la ville.

Il faut que des esprits désintéressés se livrent à cette belle et honnête propagande ; il faut qu'en échange les agriculteurs reconnaissants n'élisent plus d'ambitieux ni de farceurs, mais des hommes résolus à défendre leurs intérêts et à marcher vers la diminution et la suppression des impôts.

Et tout ce qui pourra être fait en faveur de l'agriculture devra l'être : aussi quant au vœu comme celui du Conseil général d'Eure-et-Loir, et de la Société des Agriculteurs de France, demandant de conserver la Galerie des Machines, si bien agencée pour les concours agricoles, sera formulé, il devra être aussitôt exaucé, malgré les fameuses idées du ministre socialiste collectiviste.

Le plus important pour nous sera de créer l'instruction agricole.

En effet, la plus belle propagande qui puisse être faite en faveur de l'agriculture doit l'être par l'instituteur rural.

Dans ce but, le gouvernement, ou du moins certains ministres ont montré des tendances ; des leçons de physique et de chimie agricole doivent être données à l'école ; des questions sont posées à à ce sujet au certificat d'études primaires ; dans beaucoup de communes, un champ d'expérience est mis à la disposition de l'instituteur qui peut (facultatif) y enseigner pratiquement la culture et le jardinage. Par ci, par là, dans les préfectures, dans certaines sous-préfectures, des professeurs d'agriculture ont été créés qui s'en vont *à leur fantaisie* et quand bon leur semble, faire, dans les communes rurales, des conférences sur le greffage, la taille de la vigne, les prairies artificielles, etc., etc.

Cet enseignement (s'il est possible de lui donner ce nom), indique une tendance, une bonne volonté, le sentiment d'un besoin ; mais selon notre avis, il manque de cohésion.

Voyez-vous des professeurs de médecine ou de droit enseignant leur science en pérégrinant à travers la France, décrivant la tuberculose dans un chef-lieu de canton, la variole à la sous-préfecture et la fièvre typhoïde à la préfecture ; ce serait ridicule et pitoyable.

Bien mieux, nous prétendons que ces professeurs d'agriculture sont nuisibles au but que nous nous proposons ; ce sont de jeunes rentiers vivant aux frais des contribuables, qui ne sont astreints à aucun service, ont été créés par un mauvais génie. Ils sont imbus des idées collectivistes, ou de grandes cultures faites à l'aide des machines agricoles. Changeant souvent de résidence, ils ne s'attachent, par conséquent, pas au sol, ni aux habitants qu'ils sont chargés d'instruire et ne peuvent communiquer à ceux-ci des idées qu'ils ne partagent pas. Ils n'aspirent qu'à une chose, c'est demander leur changement et monter en grade, pour augmenter leurs appointements.

Ce que nous voulons, au contraire, c'est un enseignement ayant une cohésion.

Au lieu de passer deux années seulement à l'école normale, nos instituteurs ruraux passeront une année de plus dans laquelle ils s'occuperont spécialement d'agriculture théorique et *surtout pratique*. La plupart des jeunes gens qui entrent à l'école normale, sont nés à la campagne, fils de cultivateurs ou de parents rustiques. Ils sont vigoureux, pleins de santé et l'intérêt pécunier qu'ils trouveront à cette réforme les en rendra grands partisans.

D'ailleurs, bêcher la terre est un exercice très hygiénique, est-ce que le professeur Thierry, chirurgien à l'hôpital de la Pitié, ne se livre pas à cet exercice là-bas à Chaville, chaque jour après sa consultation.

Si, dans la ville où se trouve l'école normale,

il est impossible d'y adjoindre des champs d'expériences, les futurs instituteurs iront passer une année dans une ferme école.

Les cours leur seront faits par un professeur d'agriculture. Une fois nommé, la commune mettra à la disposition de l'instituteur un terrain de plusieurs hectares, une petite ferme. Comme il sera de l'intérêt des agriculteurs d'avoir un maitre pour leur donner des conseils et les guider dans la voie du progrès, s'ils n'ont pas ce champ ou cette ferme, ils s'imposeront avec plaisir de quelques centimes additionnels pour avoir cette bienfaitrice ferme école.

Les étables, car nous y voulons voir peu à peu des animaux choisis dans les races les plus pures, seront construites suivant les règles de l'hygiène vétérinaire moderne.

Les produits seront la propriété de l'instituteur qui verra ses ressources budgétaires augmenter considérablement ; s'il a plus de mal et plus de travail, il en sera largement récompensé et ne s'en plaindra pas. C'est ainsi que nous ne seront pas obligés de gréver les contribuables de nouveaux impôts pour augmenter le traitement des instituteurs ruraux mal payés (1).

Nous venons de dire que les campagnards trouveront vite l'intérêt qu'ils auront à avoir une ferme

(1) Dans beaucoup de départements, l'état possède des forêts et des prairies. Que l'état concède à la commune quelques hectares de ces prairies, en échange desquelles celle-ci aura dans le bourg communal les terrains nécessaires que nous demandons.

école et que ce sera les plus légers centimes additionnels qu'ils auront jamais supportés, mais il y a quantité de communes en France qui possèdent des terrains communaux tout indiqués pour y installer l'instituteur et je ne puis que songer à ma commune natale en Maine-et-Loire, qui loge dans une petite propriété de 8 à 10 hectares, son curé, propriétaire de cheval, vache, cochons, poulets, etc.

Cette ferme école sera un lieu de rendez-vous pour les agricoles qui viendront apprendre les derniers perfectionnements dont ils ont besoin, ce sera leur distraction du dimanche, nous saurons leur procurer des attractions. L'église rurale actuelle, ce vaste édifice qui ne sert aujourd'hui qu'à enseigner les « bourdes socialistes », de l'anarchiste sans-culotte Jésus, servira à des conférenciers aimables qui, par des projections lumineuses, intéresseront les paysans, de même que des sociétés chorales et des petits théâtres, s'organiseront dans les chapelles; ainsi quelques jeunes filles paysannes deviendront de charmantes comédiennes, pouvant rivaliser avec celles du Théâtre Français et l'attrait d'un *trou de campagne* ainsi compris, en y ajoutant les transports à bon marché que nous avons réclamés, sera supérieur à celui d'une capitale.

L'instituteur rural aura donc appris sa science agricole à l'école normale, d'un professeur d'agriculture sortant de l'institut agronomique — il y aura alors cohésion et coordination.

Ce n'est donc pas en vain que se feront les statistiques agricoles, comme il en est prescrit tous les deux ans par les ministères de l'agriculture et de la guerre.

L'Institut agronomique averti par ces statistiques ou par d'autres données, préviendra ses professeurs qu'il y a eu ou qu'il y aura surproduction de telles denrées dans telles ou telles contrées, et ceux-ci donneront aux instituteurs le conseil nécessaire.

Ainsi, il y aura ordre, science et coordination, où il n'y a aujourd'hui que désordre, ignorance et routine.

Il est inutile d'ajouter que ces futurs maîtres aimant le sol qui les a vu naître, donneront aux enfants qu'ils seront chargés d'instruire, l'amour du pays natal, l'amour du grand air et de la campagne et nous ne verrons plus se produire l'émigration des champs vers la ville, nous verrons au contraire ces pneumoniques et ces tuberculeux déserter alors leurs épinettes pour aller se refaire les poumons, l'estomac et le cœur au grand air de la campagne.

Je préparais cet article quand le hasard des circonstances me fit communiquer mes idées à un de mes clients de la banlieue parisienne, celui-ci, M. Chopin, instituteur à Verrière-le-Buisson, est un des seul qui pratique avec goût et persévérance l'enseignement agricole. Pour une fois, le ministre a eu la main heureuse, et après avoir remporté plusieurs médailles, l'instituteur de Verrières a été, au mois de janvier 1901, décoré du Mérite agricole.

Les enfants, deux fois par semaine sont conduits au champ d'expériences, et le maître reconnait déjà ceux qui plus tard deviendront de bons agriculteurs.

Les parents sont enchantés des services que leur rend M. Chopin et ils sont nombreux ceux qui viennent lui demander des renseignements ; il se met d'ailleurs complaisamment à leur disposition, pour leur faire voir l'influence de tels ou tels engrais.

Nous avons été heureux de nous entretenir avec ce brave homme, à la physionomie franche, nous sommes allés admirer les plantations de ceps dans la cour de son école, nous avons visité son champ d'expériences et nous avons été ravis de le voir partager nos idées au point de vue agricole, d'autant plus qu'il les mettait en pratique.

Mais tout ceci est minuscule — jouet d'enfant — et nous voudrions voir cet homme à la tête d'une ferme-école rurale, telle que nous l'avons décrite.

Nous lui avons demandé de nous écrire quelques lignes à ce sujet, pensant qu'elles auraient beaucoup plus de valeur écrites de la main d'un praticien habile. Les voici :

« En présence des déboires qui arrivent aux habitants des campagnes venus à la ville pour s'enrichir ; par suite de l'influence trop considérable d'ouvriers, de commerçants, ce serait rendre un grand service à la société d'étudier et de rechercher les moyens de retenir dans leur pays d'origine ceux que l'appât d'un meilleur salaire, de plaisirs chimériques a fait quitter le pays natal.

« Dans ces circonstances, le rôle de l'instituteur est tout tracé et nous pouvons affirmer, sans crainte d'être démenti, que les instituteurs de nos campagnes ont déjà fait beaucoup pour empêcher cette émigration vers la ville. Ils rendront un grand service à leur pays en continuant, par leurs leçons de morale et leurs conseils, à maintenir au village les jeunes gens trop ambitieux qui pensent que tout doit leur sourire à la ville. Pour cela, il faut que l'instituteur cherche, par tous les moyens possibles, à intéresser ses élèves aux travaux des champs.

« Il faut que, s'inspirant des idées de M. Georges Ville, des travaux et des conseils plus récents de M. René Leblanc, il fasse aimer aux enfants qui lui sont confiés cette agriculture que Sully a comparée, avec raison, aux mines du Pérou.

« Nous croyons donc que l'enfant appelé, dès son plus bas âge, à comprendre les travaux qu'il voit faire autour de lui, y prendra goût davantage et ce goût ira en s'accentuant s'il y prend part lui-même. C'est donc avec plaisir que nous verrions l'instituteur ajouter aux leçons d'éléments de science qui, nous le savons, sont dirigés vers l'enseignement agricole, des leçons pratiques d'agriculture et de jardinage.

« Que faudra-t-il pour réussir ? Un peu de bonne volonté de la part des municipalités pour mettre à la disposition de l'instituteur un petit champ de six à dix ares, où il serait facile (les gros travaux, labour et autres, ayant été faits par le cantonnier de la commune), de faire différents essais sur les plantes à cultiver dans la région, sur l'emploi des engrais chimiques, etc.

« Le jardin de l'école, que je vois malheureusement bien souvent insuffisant comme étendue, serait, de son côté, le lieu des études de jardinage si intéressantes que les enfants aiment toujours beaucoup. Je voudrais voir dans ce jardin, à côté de la partie cultivée par le maître, des petites surfaces cultivées exclusivement par chaque élève âgé de plus de dix ans. Si les leçons de sciences faites à l'école ont une conclusion pratique vraiment agricole avec ces petits jardins, quelle vocation et quel amour de la campagne pourrait-on imprimer à de jeunes enfants. Plus tard, quand les élèves auront quitté la classe, c'est encore à l'instituteur qu'il appartient de diriger les jeunes gens et de les maintenir au foyer paternel. En suivant l'œuvre post-scolaire actuelle que l'on appelle, avec juste raison, le lendemain de l'École, l'instituteur, par des cours d'adultes, des conférences publiques faites à l'école, continuera à faire aimer les champs et à montrer les dangers de la vie à la ville à ceux qui voudraient tenter de perdre une situation tranquille et honorable, à l'abri de la misère, pour la remplacer par l'incertitude poignante qu'éprouvent nos villageois, lorsque, après avoir vendu, à vil prix, le petit héritage amassé péniblement par plusieurs générations d'aïeux, ils viennent échouer si malheureusement dans nos villes. »

Si, ce que nous souhaitons de grand cœur, les idées que nous avons émises ont une influence quelconque en vue du bonheur de l'humanité. Si le ministre de l'agriculture, ce Bouddha placé sur un trône, si loin des choses d'ici-bas, daigne nous écouter et veut faire quelque chose en faveur de l'agriculture, dont il est le grand pontife sur la terre ; eh bien ! qu'il décore de la *Légion d'honneur* ce vaillant instituteur. Et comme les honneurs ne suffisent pas, qu'il le nomme inspecteur primaire, il fera aussitôt des miracles, et de nombreux instituteurs, qui dédaignaient jusqu'ici cette science, se mettront à l'enseigner pratiquement.

P.-S. — Nous ne saurions terminer ce chapitre, sans dire, *d'un esprit tout à fait indépendant*, qu'un ancien procureur de la République, M. Berlet, jeune encore, se livre, dans l'arrondissement de Baugé, à la propagande agricole que nous demandons; que ces sentiments nouveaux indiquent un homme de valeur, qui mérite un meilleur sort que celui qui lui est fait par le gouvernement.

C'est un peu sa faute, je ne dis pas, mais tandis qu'un parent d'archevêque, M. X..., procureur de la République à Tours, est candidat officiel à Loches, pourquoi tant d'animosité contre l'autre?

J'avais terminé mon chapitre sur l'agriculture quand m'est tombé sous les yeux le livre d'un de mes anciens camarades d'école, P. Ronce, *La Crise agricole*, j'ai compris que j'avais oublié une chose très importante.

Un des grands maux de notre époque est certainement cette idée de la conquête de l'or. Sont-ce les découvertes des mines d'or et de diamants, les fortunes considérables qui se sont formées dans certaines parties du monde par l'exploitation des mines de houille et de pétrole, etc. ; par la fabrication en grand, avec un outillage nouveau et perfectionné de certains produits. Est-ce la facilité des transports, la diffusion de l'instruction, la publicité des journaux qui permettaient de voir, de connaître, qui étalaient sous les yeux des gens avides, ambitieux, cet or, ces pierreries, ces richesses, les stimulant, les obsédant de cette idée : « faire fortune ».

Sont-ce les croyances qui s'en allaient et n'étaient pas remplacées par une éducation suffisante, un amour du bien et de son prochain.

Pour une raison ou pour une autre, soit pour toutes ensemble réunies, il est certain que cet état d'esprit, qui existait peut-être un peu jadis — ce n'est pas le lieu de l'étudier — *talonne, aiguillonne la société actuelle plus que de raison*.

Quantité d'hommes ne recherchent pas le bonheur

qu'ils pourraient avoir facilement, ils recherchent *la fortune*, espérant qu'elle le leur donnera ; ils ont absolument oublié le vieux proverbe :

La fortune ne fait pas le bonheur.

Aussi Sébastien Faure, dans sa douleur universelle, étudiant l'état moral des pauvres et des riches, des ignorants et des érudits, *prétend que tous sont malheureux* et que la question sociale est surtout une grande question morale.

Et c'est vrai ; ainsi cette idée de *faire fortune*, une des *misères* de notre époque, est une idée absolument fausse, absurde, tout à fait contradictoire avec l'esprit démocratique moderne, car elle suppose que certains s'élèveront par la *richesse*, non seulement au milieu des autres, mais presque toujours au *détriment* et par le travail des autres. Eh bien, ces gens-là ont tort, et M. Levasseur, membre de l'Institut, et mon ancien camarade Ronce ont tort aussi de leur donner *de mauvais conseils*.

Citadins qu'ils sont, ces derniers n'ont pas bien compris la réponse de ce fermier de la Brie à leur conseil de travailler à l'augmentation du rendement de sa terre.

Voici le passage : « Je sais bien qu'il y a là un cercle vicieux. Un fermier de la Brie, auquel je parlais, il y a quelques dix ans, de cette augmentation du rendement me répondit : « *Nous contribuerons ainsi à avilir le prix par la sura-*

bondance, et nous prendrons plus de peine pour gagner moins. » Assurément ; c'est pourquoi la baisse est de toute façon à prévoir. Mais, ne vaut-il pas mieux se sauver par la quantité, quand on ne peut s'*enrichir* par la rareté ? C'est ainsi que raisonnent beaucoup d'industriels, et je crois qu'ils agissent bien quand ils dépensent pour augmenter la puissance de leur outillage. »

. . . .

« Si les villes attirent les ouvriers, ce sont elles aussi qui sont les clients pour les produits de la ferme, et sans les marchés urbains, les denrées de l'agriculture seraient d'ordinaire à vil prix, et les cultivateurs ne prendraient pas la peine d'en produire autant (1). »

Or, l'idéal du cultivateur, très bien compris par le fermier de la Brie et par tous ceux qui *connaissent la campagne*, ne doit pas être celui-ci : « faire fortune », produire, produire, travailller, travailler toujours. Le paysan, pour *être heureux*, se passera très bien d'or et de pierreries.

Les potasseurs, les brillants élèves tout désignés *pour les bourses* de M. Leygues et autres devaient trouver tout naturel que l'homme pour acquérir le bonheur, devait se surmener, surmener toujours.

Il ne pourraient comprendre l'idéal du paysan, chanté par Virgile et Xénophon ; tout enfants ils

(1) Roncz, *La Crise agricole,* préface Levasseur, librairie Guillaumin et Cie.

étaient déjà *trop assagis* pour s'assimiler plus tard l'idéal anarchique et libertaire de Proudhon et d'Henri Maret, qui doit faire, au contraire, la richesse et le bonheur du campagnard.

Avons nous cité ce passage de Kropotkine : « D'ailleurs, le travail agricole, aidé de machines, deviendrait bientôt la plus attrayante et la plus joyeuse de toutes les occupations.

« Assez de joaillerie! assez d'habillements de poupées! On irait se retremper dans le travail des champs, y chercher la vigueur, les impressions de la nature, « *la joie de vivre* » que l'on avait oubliées dans les sombres ateliers des faubourgs. ».....

... « Somme toute, si la moitié seulement des adultes donnait une *cinquantaine de demi-journées* par an à la culture des fruits et des légumes hors saison, tous pourraient manger toute l'année des fruits et des légumes de luxe à satiété. »

Cinquante demi-journées par an, tel est l'idéal de l'agricole, tel doit être l'idéal bonheur pour l'homme. Le seul point qui me sépare de Kropotkine, c'est que je suis athée, et je ne crois pas à *la déesse* Révolution; je crois, que ce bonheur, les hommes pourront l'avoir, quand ils le comprendront bien, sans ouvrir le ventre des bourgeois, en allant, comme nous l'expliquons au chapitre suivant, cultiver les milliers d'hectares de terres vierges, en Corse, en Algérie, en Tunisie.

A l'heure présente, est-ce que ces vignerons

des environs de Bourgueil, de Chinon, des côteaux de Saumur, des côtes du Layon? Est-ce que ces petits cultivateurs propriétaires des pays fertiles, ne vivent pas de cette vie anarchique et libertaire, riches (pas milliardaires) indépendants, heureux, très heureux, et loin de se surmener, ils ne travaillent pas la moitié des jours de l'an.

Le remède à la grande question sociale, et dans le cas présent à la question agricole, n'est donc pas de pousser les cultivateurs, vers L'INDUSTRIE AGRICOLE, la grande industrie agricole.

C'est :

1° De faciliter la mise en pratique de la propriété telle que l'a défendue Proudhon.

2° De créer l'instruction agricole, telle que nous l'avons proposée, pour apprendre au cultivateur à produire plus, avec moins de fatigue, et à écouler le *supplément* de sa récolte en échange de produits qu'il n'a pas.

3° De ne plus favoriser l'encombrement des villes *par les bourses de collèges et lycées*; d'employer, au contraire une partie de cet argent à créer des centres de colonisation.

4° De bien montrer au cultivateur, qu'il sera le plus heureux des hommes. Dans ce but, organisons et subventionnons des fêtes de village; créons, des sociétés musicales, chorales, de tir, etc. Pavoisons nos églises dont nous ne nous servirons plus pour enseigner la superstition, mais l'idéal de l'Avenir, la morale de la science : « *ad veri-*

tatem per scientiam ». Décorons-les de tableaux de nos maîtres les plus connus ; nous y ferons des conférences, des projections lumineuses, nous y aurons de belles collections, des bibliothèques bien choisies, et le dimanche, des pianistes expertes accompagneront de jeunes paysannes au larynx vierge de tout bacille de Koch, chantant du Saint-Saëns, du Gounod ou du Massenet. Nous n'aurons pas rétabli le culte de la déesse Raison, nous aurons installé la vie et la science, où règne la mort et la superstition.

5° Présentement, il nous faudra abréger le service militaire, supprimer les dispenses, le rendre égal pour tous, et prendre garde qu'à la caserne ils ne deviennent des *Avariés.*

Instruits, libres, heureux, ayant livres, brochures, journaux, distractions, les Agricoles cultivant *leur terre,* avec amour et science, à l'abri des stupides jalousies et ambitions des citadins, ayant le transport à bon marché, élèveront leur *petite* famille suivant les principes du juste, du bien, du vrai.

CHAPITRE X

Colonisation

Création de Centres de Colonisation

Colonisation

Création de centres de Colonisation

> Oui, assurément, sans la France, la terre continuera à tourner autour du soleil et il y aura des hommes à la surface de la planète, des hommes industrieux et intelligents, poursuivant la conquête de cet avenir de paix et de justice, auquel l'humanité, quoi qu'il arrive, aboutira. Sans la France, le progrès suivra sa route. Sans la France, le monde ne périra pas. Mais cette absence de la France sera douloureuse pour les rares enfants que nous aurons laissés, et même — nous le croyons très naïvement — l'humanité tout entière serait peut-être quelque peu diminuée, si notre belle langue française, cet admirable instrument de lumière et de justice disparaissait du monde, pour n'être plus qu'un souvenir historique.
>
> (Charles Richet.)

La création de centres de colonisation est la conséquence forcée de nos idées sociales.

Nous avons essayé d'indiquer un remède au dépeuplement des campagnes ; mais ce n'est pas suffisant pour nous guérir du malaise actuel. Les grandes villes et les centres ouvriers, par contre, sont encombrés. Que de fois, avons-nous vu à Paris, de jeunes et vigoureux jeunes gens, amenés ici par le hasard ou des circonstances indépendantes de leur volonté. Combien y sont venus, attirés soit par le luxe et la richesse de la Capitale entrevus un soir de fête au Tzar ou de 14 juillet, soit par les mauvais conseils d'un parent boucher, charcutier, boulanger, coiffeur, etc., en voie de faire fortune, à moins que ce ne soit banqueroute, qui ont vendu leur petit bien, venant acheter ici un fonds d'épicerie, un bar quelconque, où ils ont dépensé leur avoir, juste le temps de s'en apercevoir et se trouvent sans situation, sans logis, n'osant pas retourner dans leur bourg natal, de crainte d'être la risée des anciens amis.

Combien, qui ne l'ayant pas demandé sont nés dans ce vaste Capharnaüm et jusqu'à leur majorité, n'ont pas dépassé les fortifications. Beaucoup, sans soutien, sans famille, sont mal tournés, qui eussent été à la campagne de vigoureux cultivateurs.

C'est ainsi que tous les jours vous trouvez sur les journaux des histoires de bandits, qui ont commencé par essayer de faire quelque chose.

Enfin, après avoir trouvé que les campagnes se dépeuplaient et cherché dans l'instruction agricole un remède à cette dépopulation, nous avons vu qu'en Corse, par exemple, ce remède ne serait pas suffisant, le Corse ayant horreur du travail agricole et qu'il s'y adonnerait seulement quand il verrait des continentaux venir cultiver son île et s'y créer des situations autrement agréables que celles de facteur rural ou garde-chiourme sur le continent.

Certes, il ne manque pas de terres en France qui restent à défricher et qui pourraient nourrir en plus des milliers et des milliers d'habitants, mais elles ont des possesseurs propriétaires qui les laissent en friche pour leur plaisir, et nous acceptons, avec Proudhon, que la propriété individuelle doit entraîner avec elle certains abus ; mais pourrions-nous donner ce nom à certaines grandes propriétés qui existent en France? Si cette propriété était abusive et particulièrement unique, choquant trop notre esprit d'égalité, comme en Angleterre et en Irlande où un seul propriétaire, « la comtesse Stafford, put expulser d'un coup quinze mille fermiers de ses terres » ; nous ne parlerions pas ainsi, mais nous avons dit au commencement de ce livre que nous ne nous occupions que de la France.

Aussi, pour faire ce que les patriciens firent à Rome pour les plébéïens; pour augmenrer le nombre des agriculteurs campagnards aux dépens des citadins sans travail, il nous faudra chercher des vallées assez loin du bassin de la Seine, mais qui n'en seront pas moins riches et belles au contraire. Il sera inutile d'aller bien loin.

Au mois de septembre dernier, nous prenions une voiture à Calvi pour aller visiter la forêt de Bonifato qui se trouve à 3 heures de route, c'est-à-dire à quelques 30 ou 36 kilomètres.

Pendant plus de deux heures, dans la vallée de la Ficarella, nos petits chevaux Corses trottèrent sur des routes parfaitement entretenues, parcourant des terres absolument incultes, où végétaient le ciste, le lentisque, la bruyère, etc., par ci par là quelques champs cultivés, (et de quelle façon) quelque rare gourbi de berger au toit plat sans cheminée.

Ces quelques milliers d'hectares, étaient propriété communale et en songeant que cette terre avec moins de difficulté que dans nos contrées plus exposées aux frimas, pouvait faire croître des plantes succulentes, et de merveilleux fruits, nous songions à l'article de Clémenceau (*Cheval de retour*) et aux soupes populaires destinées à entretenir inutilement dans des villes encombrées, des désœuvrés, et des sans travail, alors que sans grande peine, avec quelques coups de pioche ou de pelles (quelques heures par jour seulement) ils produiraient là bas eux-mêmes leur nourriture.

Alors que depuis longtemps, je décrivais à mes amis mon système de colonisation, ne songeant qu'aux contrées lointaines, qui pourraient offrir de grandes difficultés, j'avais enfin découvert son lieu de prédilection, à vingt heures de Paris.

Ecoutez ce qu'en dit le « Guide Joanne ».

« On sort de Calvi par la route de l'Ile-Rousse.

3 k. 5 Col de Sainte Catherine, où se détache à droite la route des forêts de Calenzana, qui conduit à la maison forestière de Bonifato.

4 k. 4 on franchit la Ficarella sur le pont de Bambino.

4 k. 8 on quitte la route de l'Ile-Rousse pour prendre à droite une route de voiture qui traverse *une plaine fertile*..... Sur le revers Est de ces collines se trouve à 1 kil. de la route Moncale, dans *un gracieux vallon à l'abri des vents et couvert de verdure.*

« Calenzana, chef-lieu de canton de 3.055 habitants (télégraphe) sur une pente douce, au pied d'une colline verdoyante (vue étendue sur le golfe de Calvi). Le territoire de Calenzana est un des plus riches de la Corse, et toutes les cultures y prospèrent. Le Secco y fait mouvoir un grand nombre de moulins à l'huile. Ses richesses minéralogiques ne sont pas moindres. C'est là en effet que se trouve la mine de l'Argentella. Calenzana est un des villages corses les plus productifs en miel : les montagnes voisines sont couvertes de plantes aromatiques qui donnent à ce miel un goût exquis. »

Mais comme je causais de cette idée, ces jours-ci à des Corses, il me firent remarquer que la Côte Orientale était absolument merveilleuse et tout à fait délaissée au point de vue agricole.

Qu'elle soit plus ou moins malsaine, c'est possible, mais nous avons aujourd'hui des moyens d'assainissement et de défrichement, mettant les travailleurs à l'abri des atteintes de la Malaria.

C'est sur cette côte que s'élevait l'ancienne ville d'Aléria « fondée par les Phocéens et repeuplée plus tard par une colonie romaine envoyée par Sylla. Aléria qui était le siège d'un évêché, fut jusqu'à sa destruction par les Sarrazins au IVe siècle, la capitale de l'ile ». *Cela veut dire que cette côte fut riche et saine autrefois.*

« A 2 kilomètres environ au Nord d'Aléria, près de la rive gauche du Tavignano se déroule la grande nappe d'eau de l'étang de Diana, qui fut dans l'antiquité le port d'Aléria (*Portus Dianæ*). Dans l'étang, qui communique rarement avec la mer par un goulet, l'île des pêcheurs, mesurant environ 400 mètres de circuit est formée toute entière d'une immense accumulation d'écailles d'huîtres, qui, reposant sans doute sur un bas fond, date de l'époque romaine, alors qu'Aléria envoyait des huîtres salées à Rome.

« Une route de voiture qui emprunte la route nationale sur 2 kilomètres au sud et se continue à l'ouest par l'avenue Boitel, conduit au domaine national de Casabianda, régi par les Ponts-et-Chaussées, bâti sur une butte rocheuse, à 60 mètres d'altitude et qui s'étend en long, du nord au sud à front de mer sur près de 8 kilomètres avec 6 kilomètres de plus grande largeur (plus de 2.000 hectares). Dans le domaine ancien pénitencier, l'hôtel, ouvert aux étrangers munis d'une autorisation des Ponts-et-Chaussées, offre une sérieuse ressource aux chasseurs fréquentant la plaine d'Aléria extrêmement giboyeuse. — A côté du domaine de Casabianda, se trouve le magnifique domaine de Machigliani (750 hectares, vignes, céréales, prairies, etc.), ou M. Leca, ancien géomètre en chef, a réalisé de véritables prodiges de culture. »

Eh bien, que ce soit dans la plaine de Calenzana, ou bien sur la côte orientale ou ailleurs ; soit dans plusieurs points à la fois, nous demandons la création de centres agricoles de colonisation. Nous commençons par la Corse, parcequ'elle est plus près, que ses sites merveilleux enchanteront les colons, et que son climat sera extrêmement agréable aux continentaux ; nous espérons continuer par la Tunisie, l'Algérie, le Maroc, la vallée du Niger, Madagascar, etc... Le champ d'expérience est vaste comme nous le voyons, autrement vaste que le trottoir de la rue St-Jacques, de la rue Montmartre, ou même que le boulevard des Italiens.

Tous les gens sensés et désintéressés, tous ceux qui aiment la France d'un amour non égoïste comprendront, que ce sera révivifier, au contact de l'infinie beauté de la nature, ces hommes anémiés par l'air désoxygéné des villes et désormais incapables de lutter pour l'existence. Donc, que ce soit le Gouvernement, la ville de Paris, l'assistance publique, les grandes villes, Lyon, Marseille, Bordeaux, etc ; que ce soit les départements, la collectivité ou l'initiative privée, ou bien tous à la fois, il est temps de se décider, au lieu de continuer toujours la vieille routine, à réaliser une œuvre de bien destinée dans un bref délai à produire des résultats merveilleux, et dans l'avenir à régénérer et rajeunir notre France qui, actuellement s'épuise et se décrépit.

Mais selon la sagesse des nations, les choses ne valent que ce qu'on les fait valoir ; bonne semence fait bon grain.

Il faudra pour fonder et administrer ces centres de colonisation de jeunes hommes intelligents, actifs, ayant l'esprit d'ordre et d'économie, ce qui est assez rare *et désintéressés*. Ces différentes qualités réunies, je crois cependant qu'on peut les trouver, elles sont absolument indispensables à la mise en pratique de nos idées.

Ce ne sont pas des dépenses d'argent que nous voulons faire, des acquisitions de machines agricoles et de voitures automobiles inutilisables, à de riches constructeurs dans le but de toucher de jolis pots de vin.

Non.

Ce qu'il nous faut, c'est une plaine inculte, mais fertile, de quelques milliers d'hectares; de la bonne volonté, et des instruments simples, primitifs et peu dispendieux.

Je demande, pour la création d'un premier centre, une somme annuelle de 100.000 francs, et vous allez voir quelles merveilles je vais en faire sortir.

Je suppose un instant la mission confiée, le lieu désigné ; c'est, si vous le voulez bien, la plaine qui se déroule en allant de Calvi à Bonifato.

Ou bien, quelques milliers d'hectares sur la côte orientale comme le domaine merveilleusement situé de Casabianda, voisin du domaine particulier de Marchigliani, où le propriétaire, M. Leca a réalisé de véritables prodiges de cultures.

Ce que M. Puccinelli à Calvi, ce que M. Leca ont réalisé de leur initiative propre et dans leur intérêt personnel, nous allons le faire sur une plus vaste échelle dans l'intérêt de la France et de l'humanité.

Vous avez trouvé le jeune homme actif et désintéressé, résolu à réussir; vous avez mis à sa disposition une somme de 100.000 francs que vous lui dispenserez au fur et à mesure des besoins dans le courant de l'année,

Vous ne lui accorderez pas des appointements scandaleux de 18 à 20 mille francs comme vous avez fait dernièrement à un banqueroutier qui, n'ayant pu gérer ses propres affaires, serait bien en peine d'administrer celles de nos colonies.

Non, assurez-lui son existence avec 3 ou 4 mille francs, et, comme il est jeune et actif, vous lui accorderez tant pour cent sur les produits qu'il fera rendre à cette colonie.

Il va partir, mais il lui faut quelques aides et collaborateurs, il est accompagné de cinq ou six hommes jeunes et vigoureux, désillusionnés déjà de la vie parisienne et qui comprennent qu'il n'y a rien à y faire.

Un maçon, un forgeron, un charpentier, deux cultivateurs, un cuisinier ; leur traitement ne sera pas élevé, à peu près celui qu'il serait ici ; ils seront plus tard contre-maîtres avec part aux bénéfices, supposons pour le moment un traitement de 1.000, 1,200, 1.500 francs, ce qui fait au bout de l'année une somme de 9.000 francs.

Le transport de Paris à Marseille, 42 fr. 50.

Une journée dans Massilia, 10 à 20 fr.

Le bateau de Marseille à Calvi, 12 ou 23 fr.

Pour être généreux, supposons que le voyage va leur coûter 100 fr. chacun, soit 700 fr. Les voilà à Calvi, et dans la plaine inculte, mais fertile où il s'agit de fonder ce centre de colonisation. Pendant quelque temps, ils prendront pension, dans un hôtel quelconque ou chez Mlle Félicie.

L'administrateur embauche pendant six mois, une vingtaine d'hommes Calvais ou Lucquois (cit. P. Bourde), à raison de 30 ou 40 sous par jour ; en un mot, au prix où ils sont payés dans le pays ; il ne fera pas la sottise qu'ont commise ces jeunes détraqués qu'on envoie en mission au Congo, au Soudan, ou ailleurs, payant des porteurs nègres à raison de 20 fr. par jour, alors que quelques sous de toile ou de verroterie auraient bien mieux fait leur affaire ? Non, je paierai ces hommes le meilleur marché possible. Mais, comme je ne veux pas être traité par les socialistes, d'exploiteur capitaliste, bien que travaillant pour le bien de l'humanité, je demanderai pour chacun des Corses qui se sera distingué dans la tâche que je lui aurai confiée, à tous s'ils ont également travaillé, une place de garde-champêtre ou garde chiourme sur le continent, *puisque c'est là leur idéal.*

Le matériel agricole du début, ou les outils employés à construire m'ont coûté 2.400 francs. Au bout de six mois, s'élèvent déjà des constructions légères ; des baraquements qui vont recevoir des colons ; plusieurs hectares de terre ont été défrichés et ensemencés et déjà des patates, des tomates, des haricots, etc., vont permettre de nourrir les nouveaux venus.

Alors, nous pouvons écrire au ministre des colonies, au Conseil municipal de Paris, au Conseil général de la Seine, à l'assistance publique, etc., que l'installation est prête pour recevoir le premier convoi.

Pendant ce temps, au ministère des colonies, à l'hôtel-de-ville, des affiches avaient été posées ; dans certains journaux, des réclames faites, apprenant aux hommes qui sans travail désiraient aller coloniser, qu'un centre agricole était en formation, et qu'à telle date, on tirerait au sort parmi les premiers qui se seraient fait inscrire pour aller fertiliser des contrées nouvelles.

Quelques hommes compétents, avaient fait un choix parmi ceux qui s'étaient fait inscrire, de façon à éliminer les fainéants, les non valeurs.

Puis ce départ qui peu à peu va être suivi de bien d'autres est fixé à tel jour et telle heure à la gare de Lyon, sous la direction de X...

Comme il s'agit d'une œuvre de bien, faite par le gouvernement ou sous son haut patronage, le transport se fera à moitié prix ou quart de place.

Le trajet de Paris à Calvi qui est de 42 f. 50 + 12 = 54 fr. 50 sera donc de 27 fr. 25 ou 15 fr. plus une somme de 5 fr. pour la nourriture pendant le voyage.

Vingt futurs colons partent à la fois, ce qui fait une somme de 640 fr. ou 400 fr. En arrivant à Calvi, je distribuerai à chacun de mes hommes 20 ou 25 francs; j'ai pour chaque homme une somme de cent francs pour l'année, que je leur distribuerai par 5 ou 10 fr. afin qu'ils puissent s'offrir quelques minimes distractions.

Ils sont habillés, nourris, logés dans le centre, dans les baraquements, qui s'élèvent et vont s'élever :

Le pavillon n° 1 qui est la direction, l'administration, la correspondance, l'habillement, etc.

Le pavillon n° 2, la cuisine, le réfectoire, etc.

Le pavillon n° 3, la forge, l'atelier, le magasin, où il y a fer brut, pelles, pioches, charrues, etc.; où on va les fabriquer.

Le pavillon n° 4, l'atelier de menuiserie et de charpente.

Le pavillon n° 5, l'atelier des maçons, plâtriers, etc.

Le pavillon n° 6, les écuries, les étables, la basse-cour.

Enfin le dortoir commun ou les chambres particulières où coucheront les colons.

A l'arrivée des vingt premiers colons dont chacun a déjà un petit dossier relatant ses états antérieurs, l'administrateur, indique la belle maxime de Xénophon qui est imprimée en gros caractères contre la muraille :

« *L'agriculture est la profession la plus facile*

à apprendre et la plus agréable à exercer ; elle embellit et fortifie le corps ; elle donne aux âmes le loisir de penser aux amis et à la chose publique ; elle enseigne le courage, la justice et l'hospitalité. »

Puis il demande à chacun leurs goûts particuliers ; la majeure partie s'en vont défricher et cultiver la terre ; il y a dans le nombre, maçons, forgerons, menuisiers, bureaucrates, qui ont leur emploi tout trouvé. Deux ou trois n'ont jamais rien appris, l'un va laver la vaisselle, le 2e éplucher les légumes, le 3e garder les moutons (1).

Dans le deuxième convoi, il y a un peintre purotin et un chanteur de Montmartre. Le premier fera quelques peintures à fresque pour décorer les salles communes, le second, égayera certains jours

(1) Je me suis laissé dire ces jours-ci, qu'un détenu cellulaire *au palais* de Fresnes-les-Rungés, coûtait aux contribuables douze cents francs par an. Ne serait-il pas plus pratique, et ne rendrait-on pas beaucoup plus de services à la société, tout en réalisant de sérieuses économies, en prenant les désœuvrés et les sans travail avant qu'ils soient déchus pour les conduire fertiliser des centres de colonisation.

Lorsqu'ils sont tombés, au lieu de les laisser moisir au véritable palais qui a remplacé Mazas, et de les expédier *à beaucoup de frais,* à cette île enchanteresse, paraît-il, qui s'appelle la Nouvelle Calédonie, ne pourrait-on les envoyer *à peu de frais* dessécher les marais de Biguglia, sur la côte orientale.

A des idées nouvelles, il faut des méthodes nouvelles. Nous étudierons prochainement *la faillite du spiritualisme et de la religion* et nous montrerons que la conséquence des lois biologique, est celle-ci : que si l'homme se transforme sous certaines influences *en bête fauve* (lisez les journaux de ces temps derniers), il faut employer vis-à-vis de celles-ci des moyens que l'on emploie pour les fauves. Rétablissez le knout et cela changera ; mais avant de sévir, tendez la main.

de fêtes, les camarades, de ses chansons comiques.

Mais nous n'avons pas oublié que nous avions affaire à des hommes et non à des capucins, aussi chaque colon pourra-t-il avoir sa famille et prendra ses repas dans son appartement particulier au lieu du réfectoire commun.

Sa moitié, qu'il a amenée, fera elle-même sa cuisine avec les légumes de la colonie, ou bien ira chercher ses repas tout prêts à la cuisine.

La femme sera employée à la cuisine, à laver le linge, fabriquer des chaussettes, des blouses, pantalons, etc; au pavillon n° X, sous la direction d'une contre-maîtresse, Mme Z...

Toutes ces personnes seront payées selon leur travail, leur application, leur activité, avec des billets représentant une valeur de X.

Lorsqu'ils auront acquis une somme de 2.000 fr. par exemple, on leur donnera en échange une gentille maison entourée d'un ou deux hectares de terre déjà mis en culture par les colons ; on lui fournira les instruments aratoires, les graines, quelques animaux et il deviendra petit propriétaire libre, agriculteur autonome. Dans la suite, lorsqu'il aura quelques excédents de récolte, s'il a besoin de produits manufacturés, d'objets mobiliers, il viendra les échanger à la colonie qui aura des relations continuelles avec le continent.

En quelques années, où il n'y a à l'heure actuelle que terres incultes et désertes, s'épanouira la vie ; de coquettes maisons, des petits palais enchanteurs, de belles villas s'élèveront au milieu d'une végétation, luxuriante ; sans espoir d'infini irréalisable, de richesse de fortune immense à conquérir, mais avec l'idée consciente de faire simplement et rustiquement le bonheur.

Résumons nous :

Quelques milliers d'hectares sont donnés par l'Etat dans le genre du domaine de Casabianda.

Une somme de cent mille francs est allouée par l'Etat, la ville de Paris, etc, soit encore par *un journal* avec la souscription de ses lecteurs, (combien de choses ont été réalisées par les journaux qui n'avaient pas ce but humanitaire) (1), soit encore par une loterie .... 100.000 fr.

Le traitement du directeur et des six pionniers du début .... 12.000 »

Leur voyage .... 700 »

Le traitement de vingt lucquois ou Calvais pour les travaux préliminaires à 1 fr. 50 ou 2 fr. par jour et par homme pendant 6 mois........ 7.200 »

19.900 fr.

(1) Le *Figaro* de ces jours derniers promettait cent mille francs à celui qui lui donnerait par avance le résultat le plus probable sur les élections prochaines... Est-ce qu'une expérience comme celle que nous proposons ne lui sourirait pas. Nous parlerions de même au journal le *Matin*, qui a essayé de résoudre de cette façon plusieurs problèmes « le voyage autour du monde », les deux sous-marins le *Français* et l'*Algérien*, la mission Blanchet, etc., etc. La création d'un centre agricole de colonisation, ne serait-elle pas une œuvre intéressante à réaliser.

Report.....	19.900 fr.
Des outils de construction, des instruments aratoires..............	2.500 »
Puis des animaux, chevaux, vaches, chèvres, moutons............	7.600 »
	30.000 fr.
Les matériaux de construction, extrêmement bon marché, puisqu'ils se trouvent sur place, la Corse ayant sur toutes ses routes de superbe granit............................	20.000 »
	50.000 fr.
Les frais de transport de 500 colons quittant Paris pour la plaine de Calenzana, et quelque argent pour leurs menus-plaisirs, en attendant qu'ils soient propriétaires et qu'ils subviennent librement et d'une façon autonome à leur entretien et à celui de leur famille (1)................	50.000 »
Total.............	100.000 fr.

(1) Les chiffres que nous avons donnés, tout en étant peu élevés sont encore exagérés, il serait possible d'y réaliser certaines économies — Ainsi nous avons compté le voyage des sept premiers pionniers 700 fr., alors qu'il pourrait ne coûter que 2 ou 300 fr. — Nous comptons 20.000 fr. pour matériaux de construction, alors que les matériaux *sont sur place* et ne coûteraient rien que la main-d'œuvre, et comme celle-ci ne serait pas payée, puisque c'est au bout de deux ans, qu'il serait donné en échange de leur travail, *une villa, quelques hectares de terres et l'outillage nécessaire* pour continuer la vie de colon;

Au bout de la première année, des baraquements qui de jours en jours se sont aménagés de mieux en mieux, s'élèvent dans une de ces plaines incultes, y logeant 500 colons, qui joyeusement y travaillent d'un esprit humain, c'est-à-dire égoïstement dans leur intérêt personnel : celui de conquérir la propriété individuelle d'un petit palais enchanteur au fond d'une baie merveilleuse, comme la baie de Calvi, qui vit naître parait-il l'audacieux Christophe Colomb.

Ces colons travaillant tous à l'envie, ont défriché et ensemencé je ne sais combien d'hectares, ont taillé dans le roc de la montagne des milliers de pierres de construction. Les maçons, ont jeté les fondations d'un certain nombre de coquettes villas.

Les forgerons ont forgé des pioches et des charrues pour d'autres colons à venir.

Les scieurs de long ont abattu des pins et des chênes dans la forêt de Bonifato, les transformant en poutres et en planches destinées aux habitations.

Les menuisiers préparent portes et fenêtres.

Aussi l'administrateur écrit au ministre que tous ces hommes travaillant dans leur intérêt personnel, dans un but, avec l'idée bien nette, *de posséder, d'avoir à eux* leur coquette villa, font des prodiges.

L'idéal étant pour tous le même : d'être dans

toutes choses qu'ils auraient eux-mêmes créées; ce serait donc près d'un millier d'hommes que l'on pourrait transporter en une année.

deux ou trois ans, petits propriétaires, il n'y a aucune dispute, aucune discorde, mais de la rivalité au travail, avec l'idée mère d'arriver simplement au bonheur, sans rechercher la richesse qui ne peut s'acquérir qu'au détriment des autres.

Tel est le tableau au bout de la première année.

A la fin de la seconde année, nous avons transporté plus de mille colons, au bout de cinq ans, s'élèvent déjà au fond de la baie de Calvi des centaines de coquettes villas.

L'administrateur n'a pas cru devoir limiter son entreprise, il a jeté la base d'un magnifique hôtel destiné à recevoir les touristes qui désirent visiter les sites merveilleux de la Corse.

Il a commencé au pied du Monte-Grosso, dans la merveilleuse forêt où gambade le mouflon, où l'eau diaphane et pure guérira les gastralgiques parisiens, l'édification d'un sanatorium tout à fait moderne, en partie destiné aux tuberculeux de la capitale.

Un service d'automobiles ou de voitures attelées de ces merveilleux chevaux corses élevés par les colons, doit faire le service du magnifique hôtel de Calvi au sanatorium de Bonifato.

Dans la plaine s'élèvent des hectares de vignes, des forêts d'orangers, de citroniers, de jujubiers, etc., et déjà nous apercevons des navires de commerce, des transatlantiques ou des Fraissinets, arrivant de Nice ou de Marseille, apportant les produits manufacturés du Continent en échange de primeurs ou de merveilleux fruits (1).

Au bout de cinq ans, l'administration du centre de colonisation qui se sera augmentée, mais qui toujours doit avoir conservé des *principes d'économie*, produira par elle-même plus de cent mille francs de revenus; elle n'aura plus besoin pour continuer son œuvre des ressources premières.

Mais une ville s'est fondée à l'esprit nouveau, rustique, simple, heureuse; l'œuvre est accomplie,

(1) Aujourd'hui, malgré les réclamations des députés Corses, les subventions que l'état donnera à la compagnie Fraissinet, seront stupides et dérisoires, de l'argent dépensé inutilement. Le continental, en effet, ignore absolument la Corse, qui telle qu'elle est aujourd'hui, pourrait être appelée, *la plaie Corse*.

Il faut savoir dire aux gens, souvent dans leur intérêt personnel, de dures vérités; d'ailleurs, ils se les disent eux-mêmes, ainsi : quand fut posée cette question, lors de l'enquête agricole de 1866, conduite par le député Abatucci :

— Quelles sont les causes qui éloignent la population des travaux agricoles ?

La société d'agriculture de Sartène répondit :

— La diffusion de l'instruction et une ambition démesurée (Paul Bourde).

Elle aurait pu ajouter : l'horreur, et le plus profond dédain pour l'agriculture.

Eh bien, tant que les Corses continueront sur les places de leurs villages à tourner en rond en causant politique; tant que des milliers de Corses continueront de vouloir végéter « obscurément dans les bureaux, alors qu'ils possèdent des kilomètres d'une terre fertile laissée inculte », les bateaux que l'on subventionnera pour faire le service de la Corse, iront à vide et reviendront de même; sinon pour ramener encore de plus nombreux fonctionnaires.

le but est rempli; laissons maintenant ces gens libres, autonomes, s'administrer eux-mêmes, et allons dans d'autres parages, installer de nouvelles merveilles.

C'est une utopie; vous êtes comme les socialistes que vous combattez, dans la lune, me diront quelques-uns.

Non! mille fois non! Ce que quelques hommes ont réalisé, presque sans ressource et dans un intérêt particulier, il n'y a pas de raison qu'un autre ne puisse le faire dans un intérêt général avec les ressources que peuvent lui fournir une collectivité ou certains bienfaiteurs.

C'est ainsi que le gendre d'Elisée Reclus (je n'ai pas les détails sous les yeux) seul, sans ressource, après avoir parcouru l'Algérie est allé installer sa tente dans la province d'Oran. Dans ce lieu, et sous sa direction, s'élève aujourd'hui une petite colonie très florissante (1).

(1) Ainsi, je trouve dans le *Monde Illustré* du 20 novembre 1901 : « *Un nouveau centre français à la frontière du Maroc.* — M. Say, lieutenant de vaisseau, fut envoyé, il y a quelques années, à Nemours pour y étudier la possibilité de faire un port....

« Au cours des excursions qu'il fit par mer, et guidé un peu par son esprit aventurier, il s'en fut à la frontière marocaine et constata les avantages qu'on pourrait retirer commercialement de certains ports naturels qui se trouvaient situés sur le territoire étranger.

« Ces avantages étaient pour notre navigateur d'une importance telle, qu'il n'hésita pas à briser sa carrière de marin pour se

L'administrateur, d'ailleurs, y aura son intérêt particulier, comme tous les autres colons; nous avons, dit qu'il avait tant pour cent sur les bénéfices réalisés par la colonie, et rien ne l'empêche d'y avoir aussi sa petite villa; mais comme un bon capitaine de navire qui dans le naufrage n'abandonne son vaisseau que le dernier, de même, sa villa ne sera construite qu'en dernier lieu.

C'est un phalanstère, une nouvelle Icarie me diront d'autres adversaires. Mille fois non. Nous ne voulons pas marcher à l'encontre des besoins ou des aspirations humaines; nous prenons les hommes tels qu'ils sont. Nous essayons de réaliser des idées généreuses pour le bien de l'humanité, sans *révolution*, sans ouvrir le ventre des bourgeois, avec *leur aide au contraire*; car parmi eux il

consacrer exclusivement à la création d'un port à *Kiss* qui, par sa situation géographique et sa position hydrographique, permettait de faire de cette localité négligée un centre d'affaires commerciales important....

« Les débuts furent laborieux....

« Toutes ces considérations étaient connues de notre colonisateur, qui savait trouver à Kiss tous les avantages qu'il aurait vainement cherchés sur la terre algerienne....

« Le résultat ne fut pas long à se manifester. Au mois de juin, cette année, un premier chantier de céréales fut ouvert à Kiss et dès sa création les tribus marocaines vinrent apporter leurs blés et leurs orges; enfin, les commerçants de Nemours eux-mêmes entrèrent en relation avec leurs voisins.

« La petite colonie a pris depuis un essor rapide et depuis le mois de juillet une Compagnie côtière y envoie régulièrement un vapeur y charger des céréales.

« Une ville est en train de se créer; il est inutile de faire ressortir tout ce que l'influence française peut gagner par le développement de ce port. »

y a des génies, des cerveaux puissants et désintéressés.

Vous copiez nos idées, diront peut-être les collectivistes communistes.

Encore moins ! Nous avons en effet commencé par vous combattre, démontrant que vos idées étaient absurdes, et conduisaient la société à l'abîme ; qu'elles étaient en contradiction avec les lois biologiques et les aspirations humaines. D'abord, nous n'avons pas de révolution, nous conservons le système social actuel et la propriété individuelle ; bien loin de la supprimer, nous cherchons au contraire à la généraliser par la bonté.

Nous aidons au repeuplement des campagnes.

Nous favorisons la colonisation et l'extension de la plus grande France.

Nous enseignons suivant la maxime de Xénophon, que l'Agriculture est la plus noble et la plus libre de toutes les professions.

Tout ceci en ne lésant personne ; bien mieux, avec l'aide, le secours de *l'infâme capital*.

Il y a donc dans la méthode une divergence considérable : un monde.

Les Corses seront enchantés, leur île, d'inculte qu'elle est, deviendra un paradis terrestre (1). Les

(1) Ces jours-ci, en fréquentant les réunions publiques, émettant ces idées, je me suis entendu dire : « Mais la Corse est stérile ». Des Corses criaient l'éternel refrain : « Notre île est délaissée ». — Tout ceci est faux, archi-faux. La Corse est *extrêmement fertile, extrêmement favorisée ; mais ses habitants*

étrangers, apprenant ses sites merveilleux y afflueront ; ils y trouveront alors des hôtels confortables. Les touristes anglais viendront la visiter. Les forêts ne seront plus incendiées par de stupides bergers.

attendent TOUS *une place de rond de cuir, une rente du gouvernement;* ils font chanter la France.

Pour bien apprécier la Corse, il faut avoir vu les cultivateurs de mon Baugeois ensemencer leurs terres, et comparer leur travail avec celui que j'ai vu là-bas, il faut bien approfondir la réponse qui me fut faite par un jeune et brillant avocat de Calvi, ayant des propriétés, à qui je posai cette question : « Mais pourquoi ces terres ne sont-elles pas entretenues?... Rép. — *Il nous faudrait faire venir les engrais du continent, et cela nous coûterait trop cher !!...* les bras m'en tombèrent; vous pensez que je n'en demandai pas plus long.

Ce qui est certain, c'est que s'il existe quelques territoires arides, il y a par contre des plaines extrêmement fertiles laissées incultes. J'ai cité la plaine de la Ficarella, le domaine de Casabianda; je pourrais citer les prairies près de Campo di Loro au sortir d'Ajaccio où pourraient être élevés des milliers de chevaux, etc., etc. — Mais les indigènes, eux, ne feront jamais rien; quand ils sont propriétaires de kilomètres d'une terre fertile, ils font comme celui qui est cité par P. Bourde à la page 33 de son livre :

« Un accident m'ayant retenu une dizaine de jours dans un village de l'intérieur, un ancien conducteur des ponts et chaussées, fort aimable homme, venait me tenir compagnie. Il était parvenu à constituer dans le canton de Porto-Vecchio, une propriété de douze cents hectares d'un seul tenant ; il m'en vantait les avantages : de bons terrains à vignes, des sources abondantes pour l'arrosage, six mille pieds d'oliviers à greffer, une partie de bois en plein rapport et dont la première coupe devrait couvrir une partie de ses frais d'achat ; enfin, ce qui est très rare en Corse, une carrière de pierre à chaux. Il avait tenté la fortune à Panama et en avait rapporté les capitaux suffisants pour commencer l'exploitation sur un grand pied. Eh bien, cet homme n'était tourmenté que d'un désir, c'était de rentrer dans l'administration des ponts-et-chaussées. J'avais beau lui représenter les agréments de la vie libre et large du grand propriétaire, cette vie ne lui souriait point :

Aussi dans l'application de ces idées, nous espérons avoir avec nous, non seulement les collectivistes et les communistes qui sauront reconnaître leur erreur, et qui voudront y voir leur programme

Ce sera pour mes enfants, me disait-il.
Pour lui, il lui fallait sa fonction. »

A la page 17 de son volume « En Corse », nous lisons : « L'agriculture, dans l'île en est encore aux procédés de Virgile. »

. . . .

D'autre part, prenons un article d'Henri Maret qui connait la Corse pour y avoir séjourné, paru le 15 oct. 1901 : « Nous avons souvent blâmé les folies de notre politique coloniale et le gaspillage des millions. Il nous est arrivé souvent de dire qu'avec la centième, que dis-je? la millième partie de cet argent jeté sans profit à tous les vents de la mer, nous aurions pu améliorer, féconder ce que nous possédions déjà ; et nous avons comparé le gouvernement de la France à un de ces prodigues qui, au lieu de réparer leur maison, achètent à grand frais des propriétés nouvelles.

« Nous allons chercher bien loin des îles à coloniser et, *chose curieuse nous ne songeons même pas à coloniser la Corse* que nous possédons depuis un siècle.

. . . .

« Les Romains ont possédé la Corse, et ils ne l'aimaient pas, car ils en avaient fait un lieu d'exil. Cependant ils avaient réussi à assainir les côtes et à lui donner une fertilité qui serait aujourd'hui dix fois plus grande si l'on voulait employer les procédés dont la science moderne dispose.

. . . .

« Ce pays où *l'on trouve les plus beaux fruits du monde, qui donnerait des primeurs en janvier*, sollicite depuis de longues années un service de bateaux qu'on ne lui accorde pas. »...

Eh bien pour compléter la subvention aux services de bateaux qui a été votée dernièrement, il sera utile de fonder là-bas *des centres agricoles de colonisation* qui mettront cette île merveilleuse en culture, sans quoi cette subvention, comme nous l'avons dit plus haut serait absurde et dérisoire.

Nous espérons avoir comme défenseurs au Parlement : MM. Clémenceau, H. Maret, Berthelot ; les députés Corses et coloniaux et tous les hommes sincères qui s'intéressent à la grandeur, à la richesse de la patrie, et à l'extension de la plus grande France.

appliqué ; mais tous les hommes de bien qui croient en la morale du Christ, *Aimez-vous les uns les autres*.

Nous réunirons en un même faisceau tous les hommes de bonne volonté, qui sans arrière-pensée veulent travailler pour le bonheur de l'humanité.

Mais nous ne donnerons pas comme base à notre jeune société, les vieilles superstitions, la contemplation de la mort, comme chez les trappistes.

Nous apporterons avec nous la vie ; nous ouvrirons nos esprits au progrès, à la science ; nous aurons une morale nouvelle, et si nous croyons à l'utilité d'un Dieu. « A la candeur des nuits argentées » sous un ciel d'un bleu sans rival, nous sonderons de nos yeux et de nos pensées l'infini, et dans la contemplation de ces mondes illimités, dont le Zénith est constellé, nous aurons des conceptions nouvelles, qui ne seront pas celles des mystiques Hindous, des Egyptiens adorateurs de bêtes, ou des chrétiens idolâtres (1).

(1) Nous souhaitons donc de grand cœur, que quelque Bouddha tout puissant, ministre, ou ville de Paris, etc...

Quelque Osiris, Bischoffsheim, Rothschild, Robert Lebaudy, les 100.000 francs de Deutsch, les 50.000 de Santos-Dumont ;

Quelque *Figaro*, *Matin*, *Gaulois*, *Temps*..... avec les souscriptions de leurs lecteurs ;

Comprennent la possibilité de cette idée et fournissent *le capital* (le capital, vous entendez bien MM. les collectivistes) *nécessaire* pour la réaliser.

Que si le gouvernement fournit encore quelques 75.000 francs pour dessécher des marais comme à Calvi, sous la direction du distingué M. Sorba, ingénieur des ponts-et-chaussées, *il fass d'une pierre deux coups*, et que cet argent serve en même temps à fonder un centre de colonisation, dont les colons feront eux-mêmes le desséchement indiqué.

Il est inutile pour le moment d'indiquer tous les moyens possibles d'arriver à ce but. Tous les jours, des hommes, des femmes de bien, léguent leur fortune aux communes, à l'assistance publique. L'œuvre que nous proposons a tout autant d'utilité, il n'y a pas de raison pour que la somme nécessaire ne soit pas employée dans ce but.

Conclusions

Nous avons vu que les théories socialistes conduisaient l'humanité à la faillite; que la marche vers leur réalisation aboutissait à un immense cercle vicieux; qu'enfin de compte, au lendemain de leur révolution, les socialistes (1) en étaient réduits pour vivre à aller labourer la terre.

Nous avons donc étudié cette question agricole, ses aspirations et ses besoins, nous avons vu que les agriculteurs étaient encore aujourd'hui la majorité des travailleurs dans la nation, donc la force; mais cela ne suffisant pas à légitimer les choses d'ici bas, qu'ils étaient encore l'idéal. (Comme ils furent l'idéal des Grecs, des Romains).

Alors, la question était simple. Pourquoi laisser les cabotins politiques diriger, administrer, la « Chose publique ». Pourquoi, ô rustiques paysans! ne les flagellez-vous pas de vos mains habiles à manier le fouet et l'aiguillon, ils n'encombreraient plus alors vos libertés indivi-

(1) Kropotkine, *Agriculture*.

duelles d'un tas de lois et prescriptions sociales, dont vous n'avez nul besoin..................

...Que vous importe la journée de huit heures, alors que vous savez qu'il y a des époques de « presse » de moissons où vous êtes obligés de travailler quinze et seize heures. Vous savez bien que l'homme ne peut être assimilé à une sotte machine réglée comme un papier de musique, et que s'il est des jours où l'on flane, il en est d'autres où l'on se surmène.

Vous choisirez donc des administrateurs qui vous seront connus, désintéressés, épris d'un noble idéal ; qui vous donneront les moyens d'apprendre à faire mieux et essayeront de guider l'humanité lentement, mais sûrement vers *plus* de bonheur.

IMP. C. PARÉ, ANGERS-PARIS

DU MÊME

Les différentes manifestations de la Pensée. 1 vol.
(ALCAN 99).

EN PRÉPARATION

Sociologie . . . . 1 vol.

Dieu . . . . 1 vol.

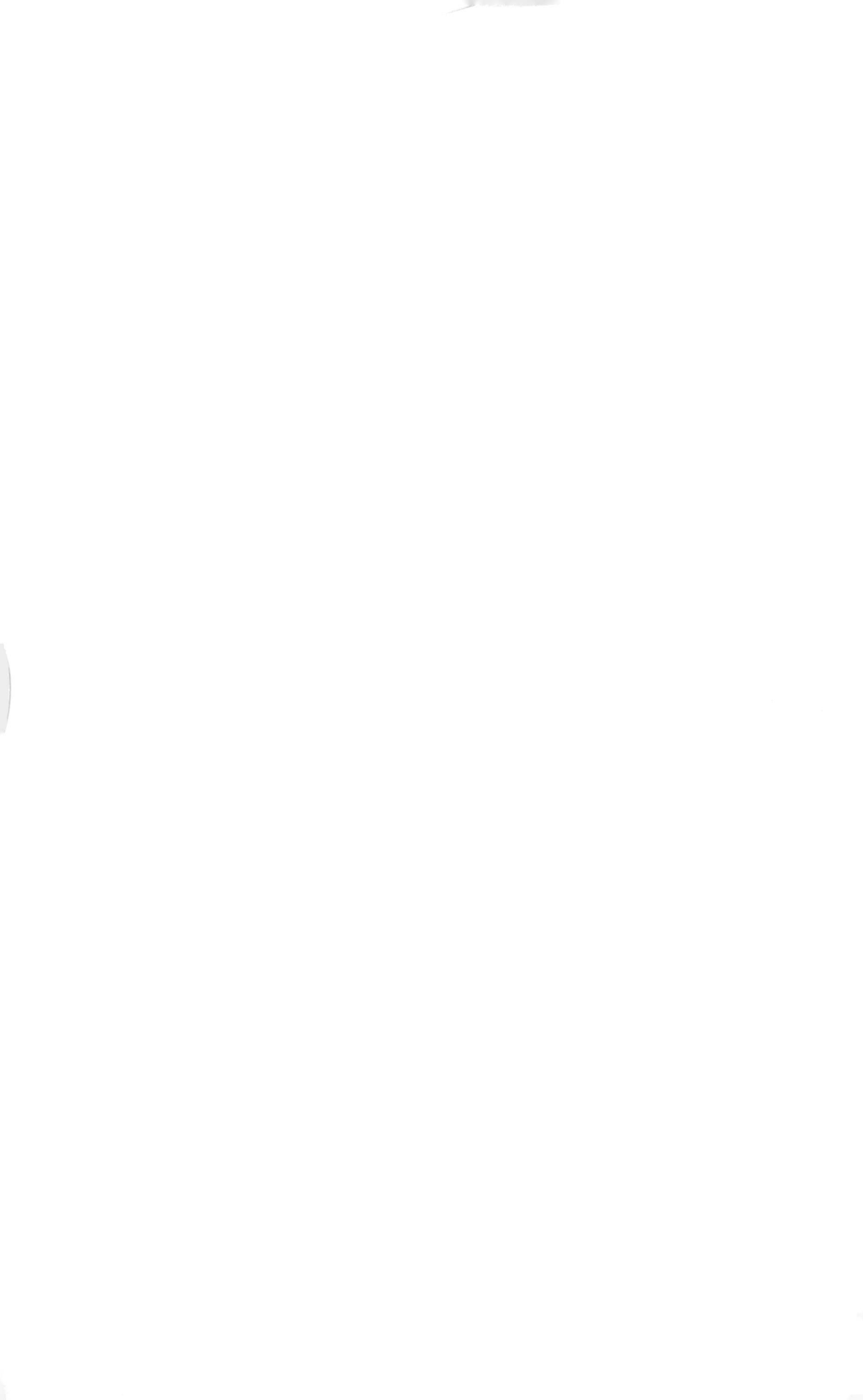